莫萨营销沟通情景对话系列

导购促销人员超级口才训练
（实战升级版）

王　宏　著

人民邮电出版社

北　　京

图书在版编目（ＣＩＰ）数据

导购促销人员超级口才训练：实战升级版 / 王宏著
. -- 2版. -- 北京：人民邮电出版社，2019.1
（莫萨营销沟通情景对话系列）
ISBN 978-7-115-50121-9

Ⅰ．①导… Ⅱ．①王… Ⅲ．①促销－口才学 Ⅳ.
①F713.3②H019

中国版本图书馆CIP数据核字(2018)第255283号

内 容 提 要

好口才才能有效说服客户，好口才才能带来好业绩。具备有效的沟通技能和良好的口才，对导购促销人员来说尤为重要。

本书针对导购促销人员销售过程的各个环节，从顾客的行为和心理出发，总结出 92 个可能出现的情景，针对每个情景提供不同的话术，并详细阐明了导购促销人员与顾客沟通中需要用到的技巧和方法，帮助导购促销人员处理销售过程中出现的各类问题，是提升导购促销人员沟通能力和帮助导购促销人员顺利成交的实务手册。

本书适合门店、卖场等零售终端的导购促销人员、销售管理者阅读，也适合培训师等使用。

◆ 著　　　　王　宏
　　责任编辑　庞卫军
　　责任印制　焦志炜

◆ 人民邮电出版社出版发行　　北京市丰台区成寿寺路 11 号
　　邮编　100164　电子邮件　315@ptpress.com.cn
　　网址　http://www.ptpress.com.cn
　　固安县铭成印刷有限公司印刷

◆ 开本：700×1000　1/16
　　印张：14　　　　　　　　　　2019 年 1 月第 2 版
　　字数：180 千字　　　　　　　2019 年 1 月河北第 1 次印刷

定价：59.00 元

读者服务热线：(010) 81055656　印装质量热线：(010) 81055316
反盗版热线：(010) 81055315
广告经营许可证：京东工商广登字 20170147 号

前　言

无论是门店、卖场的**导购员**，还是厂家的**促销员**，每天都要接待各种类型的顾客。要想**卖出商品、提高销售业绩、实现经济效益**，首先必须与顾客进行**有效的沟通**。导购促销人员每天的工作，归根结底就是不断地以各种方式与顾客进行沟通。

面对不同类型的顾客、顾客提出的不同问题、同一问题不同顾客的不同表现，**你该如何应对？**

本书通过导购促销人员销售过程的**九个环节**、**"六位一体"**的内容结构，将零售终端常见的**92个销售情景**一一展现，并给出了这些问题的答案。

九个环节：本书将导购促销人员的销售过程分成九个环节，即寻机开场、巧挖需求、产品介绍、引导体验、应对拒绝、消除疑虑、促成交易、购后满意、怨诉处理。

92个情景：本书详细列出了销售各环节可能出现的情况，**每一个情景都是一个问题点**。

六位一体：本书针对每一个销售情景，从顾客的**行为和心理**出发，给出应对**话术和沟通技巧**，同时提醒**可能出现的错误**，帮助导购促销人员应对销售过程中出现的各类问题，进而提升自身的沟通能力。

"情景再现" 板块：对顾客所说、所做、所问进行详细的描述和列举。

"行为分析" 板块：根据顾客所说、所做、所问对顾客的心理进行分析，以采取适当的应对办法。

"话术模板" 板块：针对顾客可能存在的心理，给出沟通话术，并分析这么说、这么答、这么做的原因与好处。

"错误提醒" 板块：指出面对顾客的所说、所做、所问可能出现的错误，并进行错误原因解析。

"技巧运用" 板块：总结每一销售场景中导购促销人员应掌握的沟通技巧。

"**万能话板**"板块：对部分销售场景我们总结了万能话板，以便读者**看了**就**能**使用。

本书展现的 92 个销售场景为导购促销人员演绎了**销售的整个过程**，再现了优秀的导购促销人员与顾客在不同销售环节和销售场景中**沟通的话语**，是导购促销人员全面学习沟通方法的经典教材。

值得注意的是，我们提供的销售场景和呈现的具体问题**有**的可以直接运用于**具体的销售沟通中**，有的则需要根据现场的实际情况变通使用，切不可生搬硬套。

目录
Contents

Chapter 1

第 1 章

寻机开场破坚冰

凡是向你买东西的人，买的都是你。

——乔·吉拉德

的确，导购促销人员的第一句话、第一个动作，推销的往往不是产品，而是自己。

导购促销人员与顾客之间原本是陌生的，需要寻找合适的时机、运用恰当的开场白来打破"坚冰"，接近顾客。接近顾客有两个层面的含义：一是导购促销人员与顾客空间距离上的接近；二是导购促销人员和顾客情感距离上的拉近，也就是给顾客留下亲切、可信赖的第一印象。拉近了这两层距离，导购促销人员的销售工作才能有一个良好的开端。

第1节　有明确购买目的的顾客

情景01　顾客对某款产品有兴趣

情 景再现

顾客在卖场里四处看着，突然，在一款产品面前停下脚步，眼睛盯着它看了好一会儿，然后顾客抬起了头，看向导购促销人员……

行 为分析

当顾客有下面这些反应时，说明他们对某款产品比较感兴趣。

> 顾客进店直接询问某款产品的陈列位置，或者直奔某款产品的专柜；
> 顾客看着某产品微笑或者眼睛发亮；
> 顾客仔细打量某产品，或者仔细看其标签与价格；
> 顾客拿着两件同类产品进行比较；
> 顾客触摸或者长时间凝视某产品；
> 顾客主动询问产品细节……

这类顾客有目标、有需求，成交可能性比较大。导购在接待这类顾客时，不要从头到尾地介绍产品，而是要通过沟通了解顾客的性格如何、大致的收入水平、最看重的产品性能、心理预期价位等，只有了解了这些，才能有重点地介绍产品，增加成功的概率。

说法一 "您好，一看就知道您的品位相当不错。这款产品是刚刚上市的，来，您试用一下，买不买都没关系。您要是喜欢可以记着我们这个产品，您要是不满意，还可以给我们提提建议。您是为自己选吗？"

★ 赞美顾客的眼光，然后引导体验，自然地提出问题。

说法二 "先生，您肯定是位行家，一来就看上了我们配置最好的产品。这款产品有一个功能是目前市场上同类产品都不具备的，我们花了一年时间才研发出来。您看，就是这里（引导顾客亲身体验）……"

★ 在明确顾客的具体需求和喜好前，可先从产品的核心优势介绍起，再根据观察和交流有针对性地对顾客感兴趣的地方进行重点介绍。

错误提醒

错误提醒1 "您是要买这款产品吗？"

★ "买"字很敏感，会让顾客产生抵触或吓跑顾客。

错误提醒2 "您喜欢就试试吧。"

★ 平淡，没有诚意，不能进一步激发顾客的兴趣。

错误提醒3 "这款产品是A品牌的，有八大功能，一是……，二是……，三是……"

★ 竹筒倒豆子般地介绍产品，没有针对性，容易让顾客感到厌烦。

技巧运用

技巧一 恰到好处的赞美是顾客难以抵挡的"糖衣炮弹"，导购要掌握这项技能，学会根据不同情景对顾客表达赞美。比如，夸女性漂亮、年轻、身材好，夸男性见识多、品位好，夸老人身体棒、气色好，夸年轻人时尚、有活力，夸孩子可爱、乖巧、聪明等。

技巧二 察言观色，通过观察和交流了解顾客的性格脾气，针对不同类型的顾客采取不同的说辞。比如，对性急的顾客，介绍时要抓住重点，简洁明了；对精明的顾客，介绍时要尽可能地细致，多引用数据和事实；对沉默型的顾客，要不时提问，引导顾客主动开口；对犹豫型的顾客，多提"二选一"的问题，让顾客自己做出选择。

万能话板

您眼光真不错，这一款是我们的经典产品，它有一个功能是同类产品都不具备的，您来体验一下……

情景02　顾客想看产品被同伴阻止

情景再现

两位顾客在卖场里看某产品，甲顾客一遍遍地打量某件产品，看似很感兴趣；乙顾客却一个劲儿地催促甲顾客快点走，去看另一个展区的产品……

行为分析

顾客与同伴之间针对某种产品发生意见分歧时，顾客可能会放弃自己的观点转而同意同伴的看法，也有可能坚持自己的观点。在这种情况下，导购可以采用"一推一拉"的策略来化解他们之间的分歧，促进销售。

| 推 | "推"指的是向顾客推介产品的核心优势与特色，引导体验，进一步吸引顾客，从而改变顾客同伴的意见与看法 |

| 拉 | "拉"指的是巧妙拉近导购与顾客同伴之间的关系，通过良好的沟通，他（她）们也可以变成导购的"朋友"，甚至是"合伙人" |

话术模板

说法一　"（对顾客同伴）您对您朋友真是用心，你们的感情一定非常好。

您对您朋友的了解肯定比我多，那您觉得这个产品有哪些地方不适合他（她）呢？我们可以一起找找，找一个最适合您朋友的产品，您看行吗？"

★ 通过真诚赞美和俏皮话来缓和气氛，并诚恳地向顾客的同伴求教，让其觉得受尊重、有面子，使其成为导购的"合伙人"。

说法二 "（对顾客）您的朋友真是细心，有这样的朋友可真好。这样吧，您试一下这个产品，让您朋友一起参考一下，毕竟产品看起来和用起来是不一样的感觉，对吧？"

★ 赞美顾客同伴，同时又让顾客很受用，然后通过引导体验来增进其对产品的印象和了解。

😞 错误提醒

错误提醒1 "（对顾客）您自己喜欢就可以，不要管别人的想法。"

★ 视顾客同伴为无物，会加深导购与顾客同伴的矛盾。

错误提醒2 "（对顾客同伴）您为什么说产品不好呢？我觉得挺好的啊，您朋友也喜欢。"

★ 带有挑拨顾客与同伴关系的意味，会令气氛尴尬甚至赶跑顾客。

错误提醒3 "（对顾客同伴）你不买东西就不要乱评价好不好。"

★ 容易激怒顾客的同伴，很难再推进销售。

错误提醒4 ……（沉默）

★ 相当于承认了顾客同伴对产品的否定，不利于开展进一步的推销。

技巧运用

技巧一 不能与顾客同伴针锋相对。当矛盾出现时，顾客在导购与同伴之间永远会先选择熟悉的同伴，而不是陌生的导购员。因此，要用恰当的赞美和真诚的微笑来赢取顾客的好感与其同伴的支持。

技巧二 引导顾客同伴说出反对的理由，再有针对性地推荐新产品，或者邀请顾客试用，通过产品的实际功能改变顾客同伴的看法。

技巧三 导购要注意，如果顾客与同伴是夫妻或者情侣关系，导购要跟其中的异性顾客保持距离，不能过分赞美或过度热情，否则会加深矛盾。

第 2 节　无明确购买目的的顾客

情景 03　顾客在卖场四处观看

情景再现

顾客走进卖场，四处走动，浏览着各个陈列区的产品。现在，顾客正慢慢地向导购的专柜走过来……

行为分析

走进卖场的顾客按其目的是否明确一般可以分为表 1-1 所示的三类。

表 1-1　顾客类型

顾客类型	顾客表现	导购策略
目的明确型	1. 直接询问导购促销人员某产品的陈列位置 2. 四处张望寻找某产品的专柜 3. 直奔某产品或者某个专柜	主动接待，挖掘需求，根据需求介绍产品
目的半明确型	1. 询问某一类产品的陈列区域 2. 仔细比较不同品牌或者不同款型的产品	不要紧盯顾客，保持一定距离，随时关注
闲逛型	1. 行走缓慢，东瞧西看，没有特定目标 2. 遇到感兴趣的产品会停步观看或转头回望	不急于招呼，随时关注，顾客表现出兴趣时适时搭话

不管是哪一种类型的顾客，在初入陌生的卖场时，都可能不适应卖场的环境，

不熟悉产品的位置，不了解产品的价位与性能，因而会有不安和戒备心理。顾客四处观看是在适应卖场和搜索感兴趣的产品。在这个过程中，导购促销人员要理解顾客心理，给他们营造轻松自由的氛围，缓解他们的不安和戒备心理。

话 术模板

方法一 微笑着向顾客点头致意，与顾客保持一定的距离，目光不死盯着顾客，当顾客有需要或者对某款产品特别留意时再上前搭话。

★ 微笑加眼神，既尊重了顾客想自由挑选的心理，又不会让顾客感到被冷落。

方法二 "您好，欢迎您来了解我们的产品，买不买没关系，您慢慢看。如果有任何需要，您打个招呼就行，我随时都在。"

★ 轻松愉悦地招呼，保持适当的距离，用"买不买没关系"这样的提示来缓解顾客的紧张感。

方法三 "您好，节日快乐！欢迎来到我们卖场，来了解一下吧，买不买都没关系的。您对哪一类产品比较感兴趣呢？"

★ 打个招呼，并自然地过渡到对顾客需求的挖掘。

错误提醒

错误提醒1 "有什么我可以帮您的吗？"

★ 顾客不喜欢处于被帮助的地位。

错误提醒2 "您要看什么？我帮您介绍。"

★ 顾客容易产生被逼迫的感觉。

错误提醒3 "您好，看一下我们的这款产品吧，功能很齐全，现在正搞特价促销。"

★ 未探明顾客的需求就盲目推荐产品，容易引起顾客的反感。

技 巧运用

技巧一 不要对顾客步步紧逼，不要探照灯似地紧盯顾客，也不要对顾客不理不睬。

技巧二 记住"531"的导购原则：顾客走到导购身前的5米距离时对顾客予以关注，3米时主动打招呼，1米时轻松地搭话寒暄。

情景 04 顾客对导购爱理不理

情景再现

卖场里，顾客看着一款款产品，导购在一旁就顾客看到的每款产品都热情地予以介绍，顾客对导购却不理不睬，只顾低头看产品。导购拿起产品请顾客试用一下，顾客却看也不看一眼，导购非常沮丧……

行为分析

遇到对自己不理不睬的顾客，导购往往不知道如何应对，很容易感到沮丧与挫败。这类顾客可以称为冷漠型顾客。他们对导购爱理不理可能有三种原因，具体见图1-1。

1	顾客此时有不痛快的事，心情不好
2	顾客性格比较谨慎内向，自我防卫意识强烈
3	导购的产品介绍令顾客不耐烦或者厌烦

图1-1 顾客不爱搭理导购的三种原因

接近这类顾客时，导购要小心谨慎，先给顾客自由浏览的时间，同时记下顾客留意较多的产品类型与款式，等顾客稍微放松下来的时候再走近，尽量不要先谈产品，可以先与顾客聊一些轻松的话题，拉近双方距离，再去推介顾客关心的产品。

话术模板

方法一 导购："先生，我猜您应该当过兵，对吗？"（微笑等待顾客的反应）

顾客："哦，为什么这么说啊？"

导购："呵呵，我看您腰背笔直、步伐沉稳，精气神跟别人完全不一样。我大哥就在部队待了五年，现在他复员了，走起路来就跟您一样。所以啊我就觉得您应该也是部队培养出来的。"

顾客："呵呵……"（顾客开始放松，导购可以引入需求挖掘和产品介绍）

★ 从顾客的体态和行为入手打开话题，即使导购猜测错误，顾客听到"沉稳""有精气神"这样的赞美同样也会很受用。

方法二 "今天天气预报说有小雪，我们待在卖场里也不知道外边怎么样了，您一路过来天气冷吗？"

★ 以特殊的天气为切入点，关切的询问让顾客不好意思不开口。

😞 错误提醒

错误提醒1 "您今天是不是碰到烦心事啦？"

★ 有打探隐私的嫌疑。

错误提醒2 "您怎么不说话啊，喜欢不喜欢好歹说句话嘛！"

★ 顾客或者被激怒，或者被赶跑。

错误提醒3 "都不合适是吗？那看看这款，肯定适合您。"

★ 比较主观武断，缺乏吸引力。

技 巧运用

技巧一 寻找话题，寻找共同点：从天气、逸闻趣事等着手展开话题；根据顾客的外表、年龄、衣着、职业、籍贯、口音、行为和爱好等展开寒暄。

技巧二 如果顾客表现出不礼貌甚至粗鲁的行为，导购应该尽量包容忍让，避免与顾客在卖场发生争辩。

情景05　顾客逛了一圈转身就走

情 景再现

顾客走进卖场后逛了一圈，浏览了一遍产品，然后什么也没问什么也不说，转身就要离开……

行 为分析

顾客肯花时间进卖场逛，并且仔细浏览店内产品，却一言不发要离开，其原因可能有三个，具体见图 1-2。

1. 卖场的产品和气氛或者导购促销人员的态度与行为让顾客不适应或感到不愉快，比如产品陈列混乱、音乐嘈杂不堪、导购仪表不整或者服务态度差等

2．顾客对卖场内商品不感兴趣，没有看到自己喜欢的商品

3．顾客视觉疲劳或者身体疲劳，不想继续逛了

图 1-2　顾客一言不发就离开的原因

导购促销人员要坚信一点：肯花时间逛卖场看产品的顾客一定是有需求、有意向的，顾客在卖场停留越久，对产品了解越多，购买的可能性就越大，因此，在不强留顾客的前提下，导购促销人员应设法接近顾客，尽可能挽留顾客，让顾客停留更多的时间。

话 术模板

说法一　"先生，您才逛了一会儿就要走，是不是我们服务不周啊？"

★ 主动求教，抬高顾客身份，可赢取对方好感，也可通过其回答发现问题。

说法二　"您好，您应该平时工作很忙吧，难得抽出宝贵时间来我们卖场，怎么这么急就走呢？"（顾客回答："没什么好看的。"）"您能告诉我您主要想看哪种产品吗？我们可以聊一下，您不买也没关系啊，了解一些产品信息，以后也可货比三家，您说对吧？"

★ 先赞美顾客，拉近距离，再挖掘顾客需求并做产品推荐。

说法三　"您好，您才看了一会儿，怎么就急着走呢？"（顾客回答："看累了，不看了。"）"看来您今天逛了很多地方了，这么累应该坐下来休息一下，买不买我们的东西不重要，进来了就是我们的客人嘛。来，您过来这边坐一下吧，先喝杯水休息一下。"

★ 人性化服务，让顾客产生好感，建立良好关系，便于推动销售。

😞 错误提醒

错误提醒1 "您别急着走啊，我们这边还有新产品呢！"

★ 太强势，没有说服力。

错误提醒2 "您到底想买什么样的产品呢？"

★ 冒失，容易让顾客反感。

错误提醒3 "慢走！"

★ 客套话，没有吸引力。

技巧运用

技巧一 导购促销人员一方面要保持陈列商品的干净整齐，为顾客营造整洁舒适的购物环境，不要让这些小细节影响销售；另一方面，导购促销人员也要注意言行举止，时刻注意维护自身良好的职业形象。在顾客眼中，专业的导购形象可以总结为十点。

(1) 外表整洁 (2) 有礼貌和耐心 (3) 态度亲切、热情、友好 (4) 乐于助人 (5) 能提供快捷的服务	(6) 能正确而且准确地传达产品信息 (7) 善于倾听顾客的意见和要求，关心顾客的利益 (8) 能为顾客提供建设性的意见 (9) 帮助顾客做出正确的选择 (10) 记住老顾客的偏好及姓名

专业的导购形象

图1-3 专业导购形象总结

技巧二 不要吝啬你对顾客的赞美，恰当的赞美可以让顾客感受到尊重与关照，可以拉近导购与顾客的关系。赞美不用花钱也不用费力，只要发自真心，就能行之有效。

情景06 我随便看看，不用管我

情 景再现

顾客走近专柜，导购热情地迎上去问顾客需要什么产品，顾客摆摆手，冷冷地说："我随便看看……"

行 为分析

导购对顾客热情相待，顾客却拒之千里，这种情况非常常见，顾客这样做一般是出于图1-4所示的两种原因。

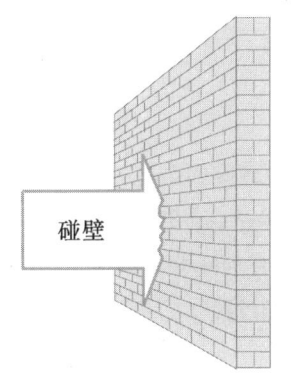

顾客说：我随便看看

1.顾客经历过很多"贴身膏药"式的热情服务，对这种服务方式很排斥，因此见到导购会习惯性地拒绝

2.顾客担心交流过多会让导购了解自己，担心导购利用自己的心理，推荐不合适的产品，怕上当受骗

碰壁

图1-4 顾客对你冷漠的两种原因

遭遇这类拒绝时，导购不应被顾客的冷淡吓到，而要相信：顾客冷淡，不是不喜欢导购这个人或者导购销售的产品，而是双方之间没有建立信任关系。要顺利接近这类顾客，导购应该想办法减轻顾客的心理压力，尽力消除顾客的疑虑，为顾客提供亲切友好的服务。

话 术模板

说法一 "一看您就是个爽快人，没问题，您慢慢看，我先忙点儿别的。您看好了或者需要我的时候招呼一声就行，我随叫随到。"

★ 先赞美顾客，缓解尴尬气氛，再主动给顾客留下空间，以增加对方对自己的好感。

说法二 "没问题，先生。买不买都没关系，您可以看看我们的产品，多了解一下，以后也可以货比三家不吃亏嘛。您主要是想看哪个系列的呢?"

★ 掐准顾客怕吃亏的心理，先摆明"不强卖"的姿态，消除顾客的戒备情绪，再转入对需求的挖掘阶段。

错误提醒

错误提醒1 "没关系，您随便看吧。"

★ 消极被动，难以二次接近顾客。

错误提醒2 "您先看看，可以试用的。"

★ 同样消极，没有任何推动作用。

错误提醒3 "哦，我只是想为您提供帮助。"

★ 导购的专业性和能力大打折扣。

技巧运用

技巧一 不要畏惧顾客的冷淡，而应积极应对，将顾客的疑虑转化为说服顾客的理由，推动销售进程。比如，顾客不想多说话，怕吃亏，那就告诉顾客多了解产品没坏处，以后好货比三家，这样就变不利因素为有利因素了。

技巧二 导购要做到热情服务，但同时要注意热情有度。

距离有度：与顾客之间保持1~2米的距离;

言语有度：说话不宜过多，多倾听、多观察，回答问题简洁明了;

行为有度：不随便做出过分热情的动作。

万能话板

没问题，您慢慢看，买不买都没关系，您有什么问题招呼一声就行，我随叫随到。

情景 07　特殊顾客要特殊关照

行为分析

　　特殊的顾客是指老幼病残孕顾客，接待他们时导购要认真细致、眼疾手快，当顾客需要帮助时要及时相助，为他们创造无障碍的、舒适的购物氛围。导购真诚的关心与帮助一方面能展现自身和卖场的素质及水准，另一方面能赢得顾客的好感与信赖，为达成销售做好铺垫。需要注意的是，如果顾客对特殊的关照和关注比较敏感、比较排斥，导购要表示理解和尊重。

话术模板

　　（1）一对老年夫妇走进卖场，大爷挽着大妈，两人一路慢慢走慢慢看……

　　说法一　"大爷大妈，今天是个难得的艳阳天，出来逛逛好啊。您当心点儿，这边的地板刚拖过，比较滑。您二位想看看什么产品呢？"

　　说法二　"大爷大妈，您二位这精神头，让我们这些年轻人都羡慕啊。您看我们，朝九晚五的，每天总打不起精神，二老显得比我们还年轻呢。今天想看看什么呢？"

　　★ 接待老年顾客时，导购说话的声音可以稍大一点，热情微笑，夸赞他们身体好、精神好、老两口感情好等，以博取老人的欢心。

　　（2）年轻的妈妈带着孩子走向了导购的专柜……

　　说法三　"大姐，这是您孩子吧，真是可爱。来，小朋友，给你一个卡通气球玩。大姐，您是给小宝贝买玩具吗？"

　　★ 顾客带着孩子时，夸奖孩子是最让顾客受用的，店里可以为孩子们准备一些小玩具、小礼品。

　　（3）一位男士坐在轮椅上，一位中年妇女推着轮椅，正要上一个店门口的小缓坡……

　　说法四　"（导购迎出店门对中年妇女说）大姐，我来给您搭把手吧，我们这个小缓坡呀总是很滑。"

　　（如果顾客拒绝导购帮助）"呵呵，好吧，您自己来，上坡当心点。"（缓缓跟

着，确认顾客能顺利克服困难）

★ 接待身体残疾的朋友时，导购要积极主动地提供帮助；如果顾客拒绝接受帮助，导购也不应甩手不管，要确保顾客确实能独立克服困难。

（4）一位怀孕的准妈妈提着几个满满的购物袋走进了婴幼儿用品区……

说法五 "大姐，为宝宝大采购呢？看您提这么多东西，累了吧？把袋子先放放，进来歇会吧，人家说怀孕的准妈妈是最幸福的女人，一看您就知道这话一点儿不假。"

★ 接待怀孕的顾客时，导购可以多加赞美，但是不要触犯顾客的隐私与忌讳。

😞 错误提醒

错误提醒 1 "大爷大妈，走路小心，别摔着。"

★ 顾客会想：我有那么老、那么脆弱吗？

错误提醒 2 "小朋友，别乱摸白色的衣服，会弄脏的！"

★ 顾客会不满地带着孩子离开。

错误提醒 3 "您腿脚不方便，我扶您一下吧。"

★ 揭了顾客的伤疤，伤害了顾客的自尊。

错误提醒 4 "大姐，我猜您怀的肯定是个小公主。"

★ 有可能触犯顾客的隐私和忌讳，如果顾客喜欢的是男孩，那一天的心情就全毁在导购的这一句话上了。

情景08 简单了解几款产品后转身就走

情景再现

顾客走进卖场后，依次看了几款产品，留意了一下价格标签，翻了翻说明书，问问有没有优惠，然后转身要离去……

行为分析

顾客不是盲目地四处看，而是对其中几款产品进行了简单的了解，这说明顾客是有目的的。顾客没有继续了解产品或者做购买决定可能是因为图 1-5 所示的原因。

| 1.顾客有疑虑或顾忌，比如价格与预想相差大、对产品不满意，或者目前顾客没有购买打算，只是简单想了解一下等 | 2．导购介绍产品的方式方法不正确，比如导购在回答顾客的问题时喋喋不休，或者表情冷淡、心不在焉等 |

图 1-5　顾客离开的原因

接近这种类型的顾客时，导购要注意方法和技巧，先留住顾客，只有顾客留下来才会有销售产品的机会。

话术模板

说法一　"先生，了解一下这款产品吧，这是目前市面上最薄的液晶电视之一了，厚度还不到 1 厘米哦，您来看一下……"

★ 商品特征接近法：利用顾客留意过的商品最突出的特征来引起顾客兴趣，从而接近顾客。

说法二　"小姐，您等一下，为了感谢您光临我们卖场，我们特意准备了一件小礼物送您，这种小香囊放在包里很清香的。另外想问下，您刚逛了一会儿，有看中的商品吗?"

★ 赠品接近法：利用赠品作为接近顾客的手段，比较容易博得顾客欢心，取得他们的好感。赠品不宜太贵重，应具有实用价值，对不同的顾客群体应预备不同的赠品。

说法三　"大姐，这是您的孩子吧? 真可爱! 您怎么保养的啊，有了宝宝身材还是这么好? 您刚看的这套产品是专门为小宝宝设计的……"

★ 赞美接近法：抓住顾客的特点，以恰当的赞美拉近与顾客的距离。赞美要真诚、恰如其分，不要夸大其词，更不要虚情假意。

说法四　"大姐，我们这款产品最大的特点就是节能，一个月能给家里省二三十度电呢!"

★ 利益接近法：从不同顾客的不同关注点入手，以商品或者服务能为顾客带来的实际利益吸引并接近顾客，然后再按其具体需求介绍产品。

说法五 "大姐，您以前见过能自动清洗的吸油烟机吗？"

★ 好奇心理接近法：好奇心是人们普遍存在的一种心理，在通过引发顾客的好奇心来接近顾客时，需注意选择的话题要新奇而不荒诞。

说法六 "先生，您等一下，是这样子，我想请您帮个忙。我刚开始做这个品牌，所以可能有介绍不周到的地方，您能告诉我您喜欢什么款式的产品吗？"

★ 求教接近法：诚恳地请顾客帮忙解答问题，从而接近顾客。

😟 错误提醒

错误提醒1 "这些您不喜欢是吧，那再看这几款吧。"

★ 没有摸清楚顾客的想法和需求就出招，难以得到顾客的积极回应。

错误提醒2 "您慢走。"

★ 礼貌但是没有意义、没有效果。

技巧运用

面对不同情绪、不同偏好的顾客，导购必须坚持的一个原则就是：不轻易放走任何一位顾客。但是，不放弃并不代表对顾客死缠烂打，而是要综合运用各种方法与技巧来吸引顾客，让顾客停下脚步，争取时间接近顾客，为下一步的销售工作做好铺垫。图1-6是一些接近顾客的技巧总结。

如何接近顾客	
1. 商品特征接近法	4. 利益接近法
2. 赠品接近法	5. 好奇心理接近法
3. 赞美接近法	6. 求教接近法

图1-6 接近顾客的六大技巧

情景09　营业高峰期同时接待多位顾客

情景再现

假日的卖场，一拨一拨的顾客络绎不绝地走进来。

顾客甲："导购，这个产品多少钱？现在打折吗？"

顾客乙："小姐，把那个样品拿来我看看。"

顾客丙："这个要怎么使用啊？"

……

行为分析

在营业高峰期时，导购要同时接待几个或者十几个甚至更多的顾客；而对顾客来说，我来买东西，就应该有人招呼我，导购再忙也不能不搭理我。因此，导购如果顾东不顾西，使一部分顾客受到冷落，这部分顾客就会因为被忽略或没有得到足够的重视而大大降低购买热情，甚至放弃购物打算，这样就会引起顾客抱怨，进而导致顾客流失。

导购如何在业务高峰期照顾到更多的顾客呢？下面四招是所有导购只要用心就能做到的。（见图1-7）

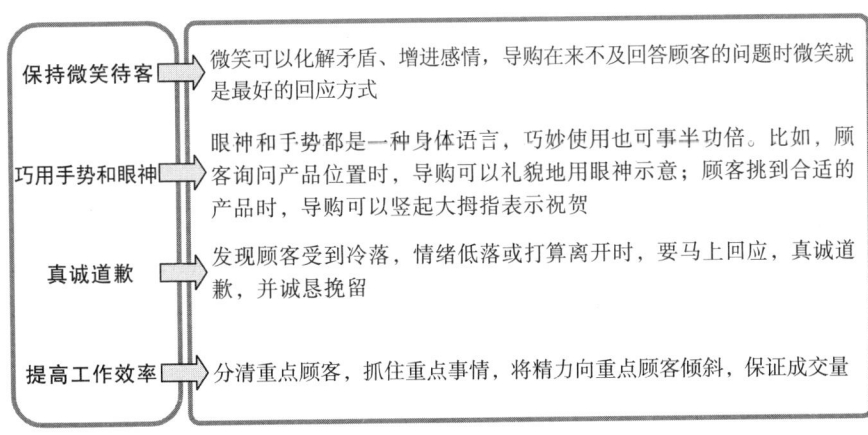

保持微笑待客	微笑可以化解矛盾、增进感情，导购在来不及回答顾客的问题时微笑就是最好的回应方式
巧用手势和眼神	眼神和手势都是一种身体语言，巧妙使用也可事半功倍。比如，顾客询问产品位置时，导购可以礼貌地用眼神示意；顾客挑到合适的产品时，导购可以竖起大拇指表示祝贺
真诚道歉	发现顾客受到冷落，情绪低落或打算离开时，要马上回应，真诚道歉，并诚恳挽留
提高工作效率	分清重点顾客，抓住重点事情，将精力向重点顾客倾斜，保证成交量

图1-7　高峰揽客四招

话术模板

说法一 "真是不好意思先生，今天店里的客人太多，有招待不周的地方请您原谅！您可以先试试我们的产品，如果有喜欢的就叫我一声，好吗？"（离开去照顾别的顾客，当该顾客招手示意时立即回应）"先生，真不好意思，让您久等了，请问，您试用后觉得怎么样？"

★ 先说明店里的实际情况，再请顾客体验产品，利用这段时间照顾其他顾客。

说法二 "哎呀，不好意思，这个时间顾客特别多，对您招待不周，真是抱歉。看您提这么多东西，一定逛很久了吧？您是先坐下来喝杯水休息一下呢，还是马上看看我们的产品呢？"

★ 邀请顾客先进店休息，既不冷落顾客，也腾出了时间招待别的客人。

错误提醒

错误提醒1 "您自己找吧，我现在很忙！"

★ 粗鲁，容易引起顾客不满。

错误提醒2 "您别着急啊，我先帮这位客人包装一下，等一下就给您服务！"

★ 厚此薄彼，顾客会因为觉得被冷落而生气离开。

错误提醒3 "一个一个来，别急啊！"

★ 不热情、不专业，不能安抚顾客情绪。

技巧运用

导购要做到"接一顾二招呼三"，即接待先到的顾客，照顾后来的顾客，招呼刚进店的顾客，动用眼神、手势等一切身体语言，让顾客感受到自己的热情，争取更多的销售机会。导购要多使用"请您稍等片刻，马上接待您""不好意思，让您久等了""招待不周，请您原谅"等诚恳礼貌的用语。

万能话板

真是不好意思，招待不周，非常抱歉。

请您稍等片刻，我马上给您拿。

真是不好意思，让您久等了。

Chapter 2

第2章

巧挖需求接近中

导购促销人员在获得顾客的好感与信任后，便要进入挖掘顾客需求的阶段。医生看病时要通过"望闻问切"来找到病因，然后才能对症下药；导购促销人员也需要先挖掘出顾客的真实需求，然后才能有针对性地向顾客推介产品。

第 1 节　摸清顾客的需求

情景 10　顾客不知要买什么

情景再现

顾客在各个产品展区之间逛来逛去，时不时停下来看看某些产品。导购促销人员走上前去，询问顾客想买哪种产品，顾客却茫然地回答："我也不知道要买什么。"

行为分析

顾客不知道自己需要什么，一般是有两种情况：一种情况是顾客确实没有需求，没有特别想买的商品，只是来卖场看一看，了解一下；另一种情况是顾客需求不明确，可能既想买 A，又想买 B，还想买 C，却不确定到底买哪个。既然顾客对自己的需求都不明确，导购又怎么来挖掘顾客的需求呢？

合格的导购能发现顾客需求，优秀的导购能满足顾客需求，而顶尖的导购能创造顾客需求。就像医生通过"望闻问切"找出病人的病因一样，导购也可以运用观察、倾听、询问、试探这些方式来挖掘顾客的真实需求，然后"对症下药"，为顾客推荐比较符合其需求的产品。对于没有需求的顾客，导购可以利用特殊的环境或者事件来为他们创造需求（见图 2-1）。

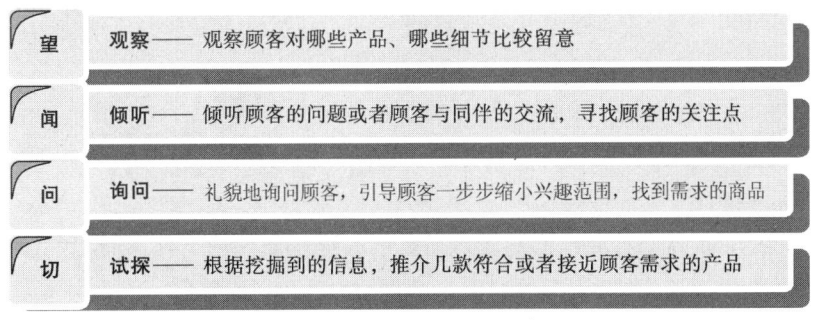

望	观察——观察顾客对哪些产品、哪些细节比较留意
闻	倾听——倾听顾客的问题或者顾客与同伴的交流，寻找顾客的关注点
问	询问——礼貌地询问顾客，引导顾客一步步缩小兴趣范围，找到需求的商品
切	试探——根据挖掘到的信息，推介几款符合或者接近顾客需求的产品

图 2-1　四步挖掘顾客需求

话术模板

说法一 "先生，我注意到您刚才对 A 产品和 B 产品特别留意。以前也有很多顾客和您一样不知道选哪个好，其实它们两个很相似，只是功能上有点小区别，这要看您比较看重什么了。您是认为功能越多越好呢还是操作越方便越好呢？"

★ 顾客在多种产品之间犹豫，导购可以通过"二选一"式的问题或者封闭式的问题来帮助顾客理清思路。

说法二 "先生，您好，母亲节快到了，选件礼物送给妈妈吧。您看一下这款产品吧，是我们专门为老年人设计的……"

★ 利用特殊节日或者特殊事件来推荐产品。当顾客或者其同伴是产品的目标客户群时，也可用这种方法来创造需求。

说法三 "您好，某某品牌八折促销，还有小礼盒赠送。今天是最后一天了，您千万不要错过机会哦！"

★ 通过限期打折促销或者搞活动等方式刺激顾客的需求。

错误提醒

错误提醒 1 "您来到店里怎么会不知道要买什么呢？"

★ 不礼貌，顾客容易产生被轻视的感觉。

错误提醒 2 "那您慢慢看，看到了喜欢的叫我一声。"

★ 不负责任的做法。

错误提醒 3 "您看看这款产品吧，一定适合您。"

★ 盲目推荐，主观臆断。

技巧运用

技巧一 "望闻问切"挖需求，对症下药讲产品。

技巧二 对于购物目标不明确、犹豫不定的顾客，导购人员可以尝试多用"二选一"式的提问方式来引导顾客，比如"您是看××呢，还是看××呢""您看重的是款式还是实用性呢"。

技巧三 顾客不可能没有需求，只是解决这些需求的条件和时机尚未成熟，导购可以利用特殊节日、特殊事件等来合理地为顾客创造需求。

情景 11　顾客对品牌的偏好

情景再现

A 品牌导购："先生，您好，不知道您有没有特别喜欢的品牌呢？"

（1）顾客："我想看看 B 品牌。"

（2）顾客："你们这个产品功能挺齐全的，可是 B 品牌的设计大方时尚，我觉得 B 要好看些。"

（3）顾客："我一直用 B 品牌的，用习惯了。"

行为分析

大多数顾客在购买商品时都可能具有品牌偏好。但是，如果让顾客解释为什么喜欢某个品牌、为什么不选择其他品牌，相当一部分顾客可能就说不清楚原因了。这就表明顾客的品牌偏好不是一成不变的，而是可以引导、可以改变的。顾客可能完全偏向竞品品牌，或者完全偏向导购这方的品牌，还可能在两个甚至多个品牌之间摇摆不定。导购可以通过直接询问或者仔细观察顾客的神色举止来了解顾客的品牌偏好，先与顾客建立良好的关系，再尝试推荐自己品牌的产品。

话术模板

A 品牌导购："先生，您好，不知道您有没有特别喜欢的品牌呢？"

（1）顾客："我想看看 B 品牌。"

说法一　A 品牌导购："先生，您真是好眼光，看来您对这类产品很熟悉。不知道您最喜欢什么款式的产品？（导购通过交流问清楚顾客的购买目的、主要用途、购买预算等；如果顾客坚持看 B 品牌，可为顾客简单地介绍一下）是这样的，先生，您既然了解这类产品，肯定也听过 A 品牌吧？听您刚才说的话，我想到我们也有一款产品很符合您的要求，今天正好做促销，您来看看……"

★ 先通过寒暄拉近距离，再通过专业介绍建立信任，最后根据了解到的信息推出己方产品。

（2）顾客："你们这个产品功能挺齐全的，可是 B 品牌的设计大方时尚，我觉得 B 要好看些。"

说法二 A 品牌导购："先生，很多顾客和您有同样的想法，毕竟 A 品牌和 B 品牌都是国际知名的大品牌嘛。我们先不管两个品牌哪个产品更好，在功能和外观之间，您更看重哪个呢？"

顾客："可能功能更重要些吧。"

A 品牌导购："是啊，您说得很有道理，功能和品质最重要了。您也说了，A 品牌的产品在功能上要丰富一些，很实用、很方便。从设计上来看呢，B 品牌产品确实非常时尚，但是 A 品牌产品这种古朴厚重的设计也是一种潮流，而且这种风格沉稳大气，跟您的气质很搭配，您看是不是？"

★ 不诋毁竞品，分析自己产品相比竞品的核心优势，将优势与顾客的需求和兴趣联系起来。

（3）顾客："我一直用 B 品牌的，用习惯了。"

说法三 A 品牌导购："没错，小姐，××产品是 B 品牌的主打产品，很不错的；但是相比较而言，它们的××产品就不是那么突出了。我现在给您推荐的这款××产品是 A 品牌的经典产品，非常畅销，您看这才一上午，已经卖出了好几套了。A、B 两个品牌都是国际大品牌，质量都是一等一的，您可以放心使用。"

★ 扬长避短，就像田忌赛马一样，用自己的核心产品应对对方的弱势产品，以便说服顾客。

☹ 错误提醒

错误提醒 1 "先看看我们的产品吧，B 品牌的还不如我们的呢！"

★ 攻击竞品品牌，会让顾客反感。

错误提醒 2 "您可以两个品牌的产品都买嘛。"

★ 不负责任，不能解决顾客的问题。

错误提醒 3 "两个牌子都不错啊，这个得由您自己决定，我可不能帮您做主。"

★ 逃避责任，顾客会认为导购不专业。

技巧运用

技巧一 如果顾客没有提到竞品品牌，导购就不要主动提及竞品品牌。

技巧二 不要攻击、诋毁竞品品牌，评价竞品品牌要公正、真诚，从顾客的需求出发为其推荐合适的产品。

　　技巧三　对你的竞品品牌了解得越多越好。竞品品牌的知识包括产品卖点、质量、性能、特征、价格、针对的顾客群体、竞品导购促销人员常用的促销方式以及竞品与本品牌商品相比的优缺点等。导购对竞品相关信息的知晓程度大致可划分为三个层次：了解、熟悉、熟练运用（见图 2-2）。优秀的导购针对每一款竞品，都能找到合适的己方产品推荐给顾客，这就是"知己知彼，百战百胜"。

了解竞品品牌及其主要产品

熟悉竞品品牌主要产品的功能和具体参数

能对比分析己方产品与竞品品牌产品之间的优劣势，找出己方产品相比竞品的核心优势

图 2-2　导购了解竞品相关信息的程度

情景 12　顾客喜欢什么颜色

情景再现

导购："您有特别喜欢的颜色吗？"

（1）顾客："蓝色吧。"

（2）顾客："没想好。"

（3）顾客："这个颜色太浅了，容易脏，怎么没有深色调的呢？"

话术模板

导购："您好，请问您有特别喜欢的颜色吗？"

（1）顾客："蓝色吧。"

说法一　导购："正好，这款产品有蓝色的，您来看看……"

★ 顾客喜欢某种颜色，而恰好有这种颜色的产品，那么导购可以重点介绍这

款产品，并邀请顾客体验或试用。

（2）顾客："没想好。"

说法二 导购："我理解您，现在的产品各种颜色都有，真的很难选择。这样吧，我把这款产品各种颜色的样品都给您看一下，您可以直观地比较一下哪种颜色更合适，好吗？"

★ 顾客不知道哪种颜色好，导购可以先表示理解，再让顾客对比他（她）看中的产品的各种颜色的样品，然后通过观察和询问来确定顾客喜欢的颜色。

（3）顾客："这个颜色太浅了，容易脏，怎么没有深色调的呢？"

说法三 导购："这款产品之所以设计成浅色调，是因为我们专门做过实验，实验结果表明，浅色调的耗能耗电要少很多。而且这种色调淡雅温馨，放在家里的哪个角落都合适。另外，在产品表面我们也覆了一层膜，能防尘防灰，您来感受一下……"

★ 顾客不喜欢产品的颜色，但又没有符合顾客要求的色调，导购可以使用两招：一是通过专业的介绍来吸引顾客，促使顾客接受这种颜色；二是在确实无法说服顾客的情况下转而推介别的产品。

😞 错误提醒

错误提醒1 "这颜色很流行的，人家都说好看啊。"

★ 空洞，没有说服力，容易跟顾客起争执。

错误提醒2 "这个颜色没有，您换一种颜色吧。"

★ 会给顾客留下不负责任的坏印象。

错误提醒3 "看产品不能光看颜色啊，质量更重要。"

★ 生硬，带有说教的意味，容易让顾客反感。

技巧运用

技巧一 通常来说，顾客对颜色的偏好会体现在他（她）日常的穿着、饰物与装扮中。导购只要留心观察，就可以发现一部分顾客对颜色的喜好。

技巧二 如果有顾客喜欢的颜色，导购可以直接介绍该款产品；如果店内没有顾客喜欢的颜色，导购也不能轻易放弃，可以推荐相近的颜色，或者根据经验来推介真正适合顾客的颜色——顾客喜欢的颜色不一定是最适合他们的颜色。当导购真正站在顾客的角度做销售的时候，他（她）是敢于否定顾客的喜好，并且专业、贴心地推介真正符合顾客需求的产品的。

万能话板

您好，请问您对这种颜色还满意吗？
您好，请问您有特别喜欢的颜色吗？

情景 13 顾客的购买预算是多少

行为分析

顾客有了购买的目标后，通常也会有一个"心理预期价格"，也就是愿意为拥有这个产品所支付的费用。如果产品价格大大高于其心理价位，顾客很容易放弃购买的打算；而当产品价格大大低于其心理价位时，顾客又会对产品的质量和真实性产生怀疑。心理预期价格是决定顾客是否购买的最重要因素之一。因此，导购必须先挖掘顾客的心理价位，了解顾客的消费水平，才能为其推荐合适的产品。顾客的心理价位可以通过观察法、迂回询问法、直接询问法来挖掘。

话术模板

（1）顾客主动询问

顾客："这个卖多少钱啊？"

说法一 导购："这个售价××元。您是不是在想这个东西怎么卖得那么贵啊？这是因为我们的这个产品多设计了两个功能，您看这里……这种独特的设计能让您……"

★ 顾客直接询问价格时，导购可以根据顾客的举止以及语气来选择合适的应对方式：如果顾客看起来性子急躁，导购可以先告知其价格，再介绍产品的核心优势与功能。

说法二 导购："我先卖个关子不告诉您价格。如果您的购买标准是耐用、方便、价位合理的话，那么这一款是首选。您来看看产品的材质……"

★ 如果顾客看起来性情平和，导购可以面带微笑地卖个关子先不讲价格，转而介绍产品的主要功能，观察顾客的反应，判断其需求，然后再说价格。

（2）导购主动出击

说法三　"您大概的心理价位是多少呢？我可以跟您一起来选一款功能多、质量好、价格又合适的产品。"

说法四　"您准备选国产的还是进口的呢？"

说法五　"您想看多大规格的呢？"

★ 导购可以直接询问，也可以迂回地通过询问顾客想选购的品牌、规格、质量要求、产地等来推断顾客的心理价位。心理价位是个敏感的话题，导购询问时一定要把握好语气语调，并保持微笑。

错误提醒

错误提醒1　"您想看多少钱的产品啊？"

★ 太直接，会令顾客感到不快。

错误提醒2　"这款产品物美价廉，很适合您。"

★ 顾客会想：这个导购难道认为我只买得起便宜货吗？

错误提醒3　"这款商品很贵的。"

★ 导购可能是出于好意，但顾客会认为导购看不起人。

技巧运用

技巧一　顾客主动问到价格时，导购要尽量引开话题，先不谈价格，而是介绍产品的特色和卖点，以及产品能给顾客带来的利益，让顾客意识到产品的价值，然后再说出价格。

导购了解顾客的心理价位时，可以采用观察法、迂回法和直接询问法。（见图2-3）

> **观察法**　观察顾客的穿着打扮，留意顾客主要看了哪些价格区间的产品，初步推测顾客的消费水平
>
> **迂回法**　通过询问顾客想选购产品的品牌、规格、型号、产地等来推断顾客的购买预算
>
> **直接询问法**　微笑礼貌地询问顾客的心理价位

图2-3　导购了解顾客心理价位的方法

技巧二　导购切忌戴着"有色眼镜"看人，买高档、低档商品的都是顾客，一定要一视同仁。导购心中不存偏见，待客的言行举止自然会流露公平与真诚，顾客感受到了这些，自然也愿意与导购坦诚交流。

> **万能话板**
>
> 您大概的心理价位是多少呢？
> 您准备选国产的还是进口的呢？
> 您想看什么规格的呢？

情景 14　顾客为自己买还是给别人买

情景再现

顾客正很有兴趣地摆弄着展柜上的样品，导购在一旁问顾客："不好意思，请问您是买来自己用还是送人呢？"

（1）顾客："当然是自己用啦！"

（2）顾客："给我爸妈选的。"

（3）顾客："你问那么多干什么？"

行为分析

顾客购买产品可能是自己用，也可能是买了送人。购买目的不同，顾客的消费心理和选择标准是有明显的区别的。一般情况下，如果是顾客自用，会比较注重实用性、经济性，导购可推荐价格实惠、性能实用的产品；而买来送礼的话，顾客会讲究体面，因此可推荐价位高、知名度高的产品。此外，导购可根据产品最终使用者的不同情况，帮顾客选择不同风格、不同功能的产品。

话术模板

导购："不好意思，请问您是买来自己用还是送人呢？"

（1）顾客："当然是自己用啦！"

说法一 导购："您眼光真不错，这几款商品的性价比都比较高。您看，这款……"

（2）顾客："给我爸妈选的。"

说法二 导购："您真有孝心。老人用的话讲究的是操作方便，您选的这款操作界面的字比较大，看着清楚，操作键一共才五个，一看就懂，很适合老人，而且产品的边边角角都是圆弧设计的，老人即使不小心磕着了也不会伤人。您觉得怎么样？"

★ 面带微笑，礼貌地询问顾客，顾客一般都会透露购买目的；导购再根据顾客的实际情况推荐合适的产品。

（3）顾客："你问那么多干什么？"

说法三 导购："抱歉先生，怪我问的不是时候，您别多心。我是想，如果您买来送人的话，我们现在有一款产品是配有豪华大礼盒包装的，送人非常合适，我带您看看？"

★ 遇到脾气暴躁的顾客，不要怯场，先道歉，再推介产品。顾客了解到导购是在为自己着想，就不会不领情。

错误提醒

错误提醒1 "这几款产品都很时尚，非常适合您这样的年轻人。"

★ 只要是顾客看到的产品，导购就通通说好、通通说适合，会让顾客不信任导购；顾客如果回答"送给老人"或者"送给孩子"，会让导购很尴尬。

错误提醒2 "小姐，选这个产品是送给男朋友吗？"

★ 顾客会认为导购在打探隐私。

错误提醒3 "您买了送人是吧？那应该买贵一点高档一点的，您看这款……"

★ 顾客会觉得导购轻视自己，或者在强行推销。

技巧运用

导购应礼貌地询问顾客的购买目的，然后再推荐适合的产品，这样不仅容易成交，而且可以给顾客留下体贴、专业的好印象。

万能话板

请问您一下，您是买来自己用还是送人呢？

情景 15 顾客看重产品的哪些功能

情景再现

导购与顾客打过招呼后，微笑地询问顾客："不好意思，问您一下，您都比较看重哪些功能呢？"

（1）顾客："洗衣机嘛，还能干什么，不就是洗衣服吗？"

（2）顾客："这些产品功能这么多，太难选了。"

（3）顾客："那边B品牌有一款产品是能预约定时的，你们的产品有这个功能吗？"

行为分析

顾客肯花钱购买产品，是因为产品对他们来说是有价值的，这种价值体现在：能帮助顾客解决问题，或者能让他们获得某种享受，或者能给他们带来某些利益。现在市场上的产品往往设计了多种功能，不同的顾客对产品的各种功能往往有不同的偏好。比方说，同样是买冰箱，有的顾客喜欢内部空间大的，有的喜欢功能分区多的，而有的可能喜欢节能省电的。因此，导购首先需要挖掘了解顾客最看重产品的什么功能，然后再"投其所好"，推出合适的产品并着重介绍顾客偏好的功能。这样一方面体现了导购专业的服务技能和产品知识，另一方面也节省了顾客的时间和精力，能大大提升购买的成功率。

话术模板

导购："不好意思，请问您比较看重哪些功能呢？"

（1）顾客："洗衣机嘛，还能干什么，不就是洗衣服吗？"

说法一 导购："大姐，看您的孩子应该是三四岁吧。您肯定知道，孩子的皮肤很娇嫩，用一般的洗衣机洗衣服都免不了细菌污染，而且洗出来的衣服会很干很粗糙，对孩子的皮肤伤害很大，所以啊，我们专门设计了'亲子洗衣机'，您有兴趣看看吗……"

★ 在顾客对产品功能缺乏了解的情况下，导购不能轻视顾客，相反，应该抓住顾客不太了解产品的有利条件，推介该产品有特色的辅助功能或附加功能，同时细心观察顾客的反应。

（2）顾客："这些产品功能这么多，太难选了。"

说法二 导购："是啊，现在我们的产品有保湿的、滋养的、美白的等，几乎每一种肌肤问题我们都研发了对应的产品。我看您皮肤水嫩嫩的，保养得非常好，就只有'T'字区有一点点出油，我给您拿一款控油的产品您试试行吗？"

★ 顾客对自己的需求不太确定，导购可以先简单介绍产品的主要功能，然后试探性地推介相应的产品。如果顾客不接受，再尝试推介别的产品。

（3）顾客："那边 B 品牌的电饭煲是能预约定时的，你们的产品有这个功能吗？"

说法三 导购："能够预约定时确实很方便，但是这样的话，您就要让电饭煲一直插着电源，几天下来也是好几度电呢。而且啊，我们的产品做饭煲汤特别快，都用不着提前预约定时。您来看这一款，十来分钟就能做好饭……"

★ 顾客看到竞品的某些功能后，有时会习惯性地问导购推荐的产品有没有这些功能。顾客可能是真的看重这些功能，也有可能只是随口问问，这就考验导购对竞品的熟悉程度了。导购要做的是：不诋毁竞品，客观地点明竞品功能的负面影响，然后再顺水推舟介绍自己的产品。

😞 错误提醒

错误提醒 1 "您要什么功能的啊？主要买来做什么？"

★ 问得太直接、太生硬，像在打探隐私。

错误提醒 2 "B 品牌啊，它们产品的功能花里胡哨的，其实没什么用。"

★ 随意攻击竞品，会让顾客觉得导购比较刻薄。而且如果顾客恰好中意 B 品牌的功能，那么导购这样说就等于把顾客赶向了 B 品牌。

技 巧运用

顾客在被问到"喜欢什么功能"这个问题时，反应是各不相同的，但总结起来大致有四种情形，导购可以针对不同的情形采取不同的应对策略（见图2-4）。但不管哪种策略，其主旨是不变的，那就是：顾客有什么样的需求、看重什么样的功能，我们就推荐能满足甚至超越他们需求的产品。因此，导购在与顾客交流时，不管是闲聊、试探还是讲解，最后都要把话题引回到产品和需求上。

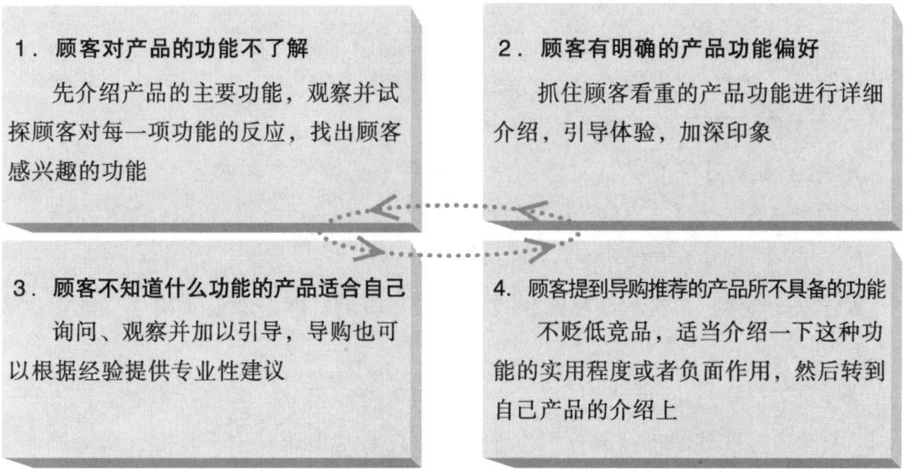

1．顾客对产品的功能不了解
先介绍产品的主要功能，观察并试探顾客对每一项功能的反应，找出顾客感兴趣的功能

2．顾客有明确的产品功能偏好
抓住顾客看重的产品功能进行详细介绍，引导体验，加深印象

3．顾客不知道什么功能的产品适合自己
询问、观察并加以引导，导购也可以根据经验提供专业性建议

4．顾客提到导购推荐的产品所不具备的功能
不贬低竞品，适当介绍一下这种功能的实用程度或者负面作用，然后转到自己产品的介绍上

图2-4　不同的应对策略

情景 16　顾客喜欢什么样的款式风格

情 景再现

顾客在一款产品前停下了脚步，认真地打量起产品来。导购上前询问："您喜欢这种款式的产品吗？"

（1）顾客："我觉得还不错。"

（2）顾客："一般吧。"

导购："您喜欢这种款式的产品吗？"

（1）顾客："我觉得还不错。"

说法一 导购："这款确实很不错。不过，现在也有很多人喜欢B款式的，您要不要看一看？"

★ 导购在不能肯定顾客的"还不错"的评价是真是假的情况下，可以用另一款款式风格不一样的产品来试探。如果顾客拒绝看另外的款式或者看完别的款式后目光仍然回到这款产品上，那么导购就可以大致确定顾客中意的款式了。

说法二 导购："您眼光真准，这是我们刚上市的新款式，跟市面上其他产品不同的是，我们采用了××设计，您来体验一下……"

★ 顾客如果面带微笑、对产品爱不释手，就表明其非常喜欢产品的款式风格，在这种情况下导购可以介绍产品并引导顾客体验。

（2）顾客："一般吧。"

说法三 导购："这款产品的款式不是最好看的，但是却最实用了，您知道为什么吗？"

★ 顾客虽然评价产品"一般"，心里却有可能很喜欢，只是不愿表露，怕过一会儿不好砍价。在这种情况下，导购可以抛出几个问题试探一下顾客，如果顾客愿意深入了解这款产品，说明顾客心里并不排斥这种款式；如果顾客没有兴趣了解，说明顾客可能真的不喜欢这种风格，那么导购可以再询问顾客喜欢什么款式。

说法四 导购："我能理解您，毕竟每个人都有自己喜欢的款式和风格。我们这里还有××款、××款……您能告诉我您比较喜欢哪种款式吗？"

★ 当顾客明确表示不喜欢产品的款式时，导购不能灰心，可以先对顾客的看法表示理解，然后微笑地询问顾客喜欢什么款式，再根据顾客的喜好介绍其他产品。

😟 错误提醒

错误提醒1 "您喜欢什么款式的？"

★ 问题太空泛，顾客往往不知道如何回答。

错误提醒2 "这种款式不错，大家都挺喜欢的，您觉得怎么样？"

★ 顾客容易滋生逆反心理：大家都喜欢我就要喜欢吗？

错误提醒3 "这款就挺适合您的。"

★ 如果产品不是顾客喜欢的类型，顾客可能会产生不满，认为导购在胡乱推销。

技 巧运用

顾客所说的不一定是其内心真正所想的，导购可以通过巧妙的试探，判断顾客的评价是真心的还是随口一说。

万能话板

您喜欢这种款式的产品吗？

您能告诉我您比较喜欢哪种款式吗？

情景 17　顾客首次购买还是更新换代

情 景再现

顾客与同伴在产品区闲谈，导购发现顾客对产品很了解，于是微笑着问顾客："您应该不是第一次购买吧？"

（1）顾客："是不是第一次购买有关系吗？"

（2）顾客："就是第一次买啊。"

（3）顾客："买过一次。"

行 为分析

现在的商品推陈出新的速度非常快，功能也在不断增加，因此很多顾客在购买了某产品之后，往往会过段时间再次选购更高级的产品来更新换代。首次购买产品和为了更新换代买产品的顾客，他们的购物心理、购物标准是有很大差别的（具体见图 2-5）。

首次购买	更新换代
购买心理：感性，易受个人喜好影响，容易被产品的外形、设计、促销等因素吸引 **购买标准**：性价比高，物美价廉	**购买心理**：理性，需求明确，喜欢对比，关注品牌、品位、品质和服务 **购买标准**：产品的档次和价位较高，质量有保证，售后服务健全

图 2-5　顾客首次购买与更新换代时的比较

导购在询问前应该观察顾客的举止，留心顾客与同伴之间的言谈，根据这些信息对顾客所属的类型进行初步的推测。对于首次购买产品的顾客，导购在了解与询问时要注意措辞和语气，介绍产品时要耐心细致，在掌握顾客的基本需求后可以试着推介性价比高的产品；对于再次购买产品的顾客，因为他们对产品已经有了一定的了解，因此导购可以多倾听、多引导、多请教，尽量让顾客多说，从中挖掘顾客对之前所购买的产品的看法，以及大致的购买预算等信息。掌握了这些，导购就可以为顾客推介合适的产品了。

话术模板

导购："您应该不是第一次购买吧？"

（1）顾客："是不是第一次有关系吗？"

说法一　导购："我刚才听您说起产品来非常内行，有些东西我甚至都是第一次了解，所以我猜您应该不是第一次来买啦。您想要看看什么品牌的呢？"

★ 如果顾客对导购的询问回应冷淡或粗暴，导购可以微笑地给顾客以赞美，让顾客在心理上对自己的无礼产生歉疚感，然后再开始挖掘其需求。

（2）顾客："就是第一次买啊。"

说法二　导购："真的吗？我看您对我们的产品那么熟悉，还以为您是老顾客呢。那我就给您简单介绍一下吧：我们的产品从功能上分为××、××两大系列，它们的特点分别是……您对哪一系列比较感兴趣呢？"

★ 以恰当的赞美来暖场，交流的重心还是要放在对需求的挖掘上。

（3）顾客："买过一次。"

说法三　导购："我听您刚才和朋友聊到我们的产品时特别内行，就知道您肯定是老顾客了。冒昧问您一下，您之前是什么时候买的产品？现在是出了什么问

题吗?"

★ 导购可以通过顾客的描述来获取顾客对老产品有何不满、对新产品有何期待等丰富的信息。如果老产品还可维修或者能"以旧换新",导购也可以主动告知顾客,增强顾客对品牌的好感以及对导购的信任。

😞错误提醒

错误提醒 1　"先生,您是第一次买吧?"

错误提醒 2　"您是初次购买还是升级换代呢?"

★ 这样的提问都可能让第一次购买的顾客有被轻视的感觉。

技巧运用

对为了更新换代再次购买产品的顾客,导购要多引导、多倾听、多请教,从顾客熟悉的话题入手,挖掘顾客的"新需求";如果店内正举行有利于老顾客的活动与优惠,导购应该主动提出,以巩固老顾客对品牌的忠诚度。

万能话板

您应该不是第一次购买吧?

情景 18　在顾客离开前问最后一个问题

情景再现

导购与顾客聊了一段时间,了解到了顾客的一些需求,并根据顾客的需求试探着推荐了几款产品;顾客看完之后表示兴趣不大,还是准备离开……

行为分析

导购与顾客聊得很顺畅，该挖掘的需求也都挖掘到了，能推荐的产品也都介绍了，顾客最终还是没有决定购买，这是导购几乎每天都可能遇到的状况，也是最让导购困惑与沮丧的一种状况。归根结底，顾客这样做无非出于三种原因：第一，顾客确实没兴趣；第二，顾客有兴趣、有需求，但是目前不具备购买条件；第三，导购没有抓住顾客的兴趣点。不管是哪个原因造成的，导购首先应该冷静下来，快速地回顾之前的沟通过程，整理出交流的要点，然后转换角度，真诚地向顾客请教，以发现问题或者重新开始需求的挖掘与确认。经过这一轮的交谈，如果确认顾客属于第一种情况，那么导购可以礼貌地与顾客道别，给对方留下好印象；如果是后两种情况，导购就应该抓住机会，有问题解决问题，有异议解除异议，尽可能地促成销售。

话术模板

说法一　"先生，我们刚才聊了那么久，可见您是真心想挑个满意的产品，而我也是真心想为您做好服务，不知道刚才是我的介绍不到位呢，还是您真的不喜欢这几款产品呢？"

★ 真诚向顾客请教，引导顾客说出真实的异议或意见。

说法二　"先生，刚才我把您告诉我的总结了一下，您需要的大致是这样的产品：价位在××元左右，商务型的，外观要简约大气，使用起来要安全方便，对吗？"

★ 导购通过回顾将顾客的需求总结出来，向顾客确认一次。导购能够记住顾客的需求会让顾客有被关注、被尊重的感觉，这样既显得导购专业，也博取了顾客的好感与信赖。顾客要么会确认导购总结的需求，要么会加以补充或修改，这样导购可以再按照确认过的需求来介绍产品。

说法三　导购："先生，我想问一下，您对我刚才的介绍都满意吗？"

顾客："可以，你介绍得很好。"

导购："谢谢您的认可。我自己有一点儿不太满意，您之前提到过您朋友有一款智能型的机子，我们也有一款产品是智能型的，我还没有给您详细介绍，您看，就是这款……"

★ 导购在回顾时如果发现顾客有一些需求或者不经意的话没有被重视，或者自己在讲解产品时遗漏了重要的卖点，可以用这种方式重拾话题，重新唤起顾客的兴趣。

说法四　"先生，我能看出来，您对这款产品还是比较喜欢的。这样吧，您留一下您的联系方式好吗？过几天就是元旦了，这款产品如果有促销活动，我给您发个短信。您也留一张我的名片，如果觉得这产品真的不错，欢迎您再回来。"

★ 导购全力以赴推荐之后，如果顾客仍然不愿购买，这时导购不要强人所难，可以留下顾客的联系方式，并友好道别。

😞 错误提醒

错误提醒1　"我介绍了那么多产品，您都没有满意的吗？"
★ 顾客容易产生压迫感，会想法逃离。
错误提醒2　"您回去再考虑一下吧，有需要再回来。"
★ 空洞的废话。
错误提醒3　"您现在不要，过后是要后悔的。"
★ 带有威胁的意味，会令顾客不满。

技 巧运用

导购唯一的原则就是"不轻易放弃任何一名顾客"，但是"不放弃"并不意味着要对顾客死缠烂打，而是要冷静、理智、专业、真诚地对待打算离去的顾客——冷静地回顾，理智地求教，专业地介绍，真诚地送客。今天不是你的顾客，不代表他们明天不会成为你的顾客。你以真诚送别顾客，顾客即使不记得你的名字、不记得你的品牌，但是一定会记得你的真诚。

万能话板

您需要的大致是这样的产品……对吗？
我想问一下，您对我刚才的介绍都满意吗？

第2节　接近顾客的方法

情景 19　赠品接近法

**情景再现**

顾客走进店里后，大致转了一圈，粗略地浏览了一下，便要转身离开……

行为分析

顾客进店后直奔某个产品的情况是比较少的。通常情况下，人们都会在闲逛中发现令自己心动的东西，然后买下它，所以，每一个进店闲逛的顾客都可能是潜在的顾客。这时，导购促销人员不妨想办法留住他们，再挖掘顾客的需求，向他们推荐合适的产品。

话术模板

"女士，请您等一下，今天是我们店庆的日子，我们特别准备了一些小礼品，这是送您的一个卡通小挂件。您刚逛了一圈，有看上的商品吗？"

店里可以常备一些小礼品，用这些小礼品来接近顾客，赢得其好感，然后再挖掘顾客需求。

错误提醒

错误提醒 1　"你先别走，到底想买什么呀？"

★ 表述太直接，不够诚恳。

错误提醒 2　不理睬顾客

★ 这是最常见的一种错误应对方式。导购促销人员如果有空闲，不应该轻易让每一位顾客离开。

技 巧运用

赠品接近法，是指利用赠品接近顾客的方法，使用该方法比较容易博得顾客的欢心，取得他们的好感。赠品不宜太贵重，应具有实用价值。可以针对不同的顾客群体预备不同的赠品，比如针对年轻的女生，可以送一些可爱的卡通小挂件、小配饰、手机周边用品；若是年长的顾客，可以送一些日用百货，如杯垫、公交卡套、冰箱贴等。

情景 20　活动接近法

情 景再现

顾客的目光落在橱窗内展示的一款衣服上，四处看了看没找到价牌，于是向导购促销人员问价；可是一听到报价，顾客就转身要离开。

行 为分析

顾客对服装感兴趣，却对价格很敏感，可能是因为价格超出了顾客的预算，所以他一听到价格转身要离去。

话 术模板

话术模板 1　"您好小姐，因为现在是××节日，我们店里现在举办了每满1000 元减 300 元的活动，购物还可以参加抽奖活动。"

★ 活动接近法，通过告知顾客促销活动留住顾客。

话术模板 2　"您好，某某产品八折促销，今天是最后一天了……"

★ 通过限期打折促销或者搞活动等方式刺激顾客的需求。

☹ 错误提醒

"打折活动就这两天，不买您肯定后悔。"

★ 语气强硬，带有威胁的意味，容易激起顾客的不满。

技 巧运用

★ 活动接近法是通过优惠促销活动来打动顾客。活动的形式主要有降价、满减、折价券等。

★ 活动的力度要把握好，强度不宜过大，要适中。力度过小，对顾客没有吸引力；力度过大，会让顾客对产品产生疑虑，这样就会适得其反。

情景 21　赞美接近法

情 景再现

一位顾客抱着一位小宝宝走进卖场，依次看了几款类似的产品，然后在其中几款产品前徘徊了一会儿，最后转身要离去……

行 为分析

顾客一进卖场后并没有到处看，而是依次看了类似的产品，说明顾客是有目的的。而徘徊一会儿最后选择离去，说明顾客有疑虑或顾忌，比如价格与预想的相差较大。接近这类顾客时，导购促销人员可以选择赞美接近法，以博得顾客的好感。

话 术模板

"大姐，这是您的孩子吧，真可爱！您怎么保养的啊，有了宝宝身材还是这么好？您刚看的这套产品是专门为小宝宝设计的。"

赞美接近法是指抓住顾客的心理和特点，以恰当的赞美拉近与顾客的距离。赞美要真诚、恰如其分，不要夸大其词，更不要虚情假意。

☹ 错误提醒

错误提醒 1　"您是要买这款产品吗？"

★ "买"字很敏感，会让顾客产生抵触情绪或吓跑顾客。

错误提醒 2　　"这款产品现在很流行的，最近卖得特别好。"

★ 空洞，没有说服力，容易跟顾客起争执。

技 巧运用

在赞美顾客时，导购促销员应遵循以下三个原则。

1. 找准赞美的 "点"

赞美顾客是需要理由的，导购促销人员不能凭空赞美顾客，否则你说出来的话顾客也不会相信；导购促销人员也不能东一句西一句地随意赞美，这样显得不够真诚。因此，导购促销人员要把赞美的语言集中在一个或几个 "点" 上，有重点地进行赞美。

2. 赞美顾客的长处

导购促销人员要善于发现顾客身上所具备的优点和缺点。优点是需要销售人员大加赞美的地方，例如客户的外貌、穿着打扮、举止、言语等多个方面；而缺点是导购促销人员要尽力避免提及的地方，如果不小心赞美了缺点，结果只能是适得其反。

3. 赞美要适度

赞美顾客要把握适度的原则，尤其要注意过犹不及的道理。太多的赞美之词有时会让客户反感。

Chapter 3

第 3 章
产品介绍兴趣增

成功地接近了顾客、了解了顾客的需求以后，导购促销人员就可以有针对性地向顾客推荐适合的产品了。产品介绍是一个非常重要也非常依赖技巧的环节，导购促销人员要通过展示产品及其独特的卖点激发顾客的兴趣，同时还要将产品的卖点与顾客的需求相结合，让顾客切实感受到购买产品能给自己带来的利益，刺激顾客对自身需求的感知，强化其购买欲望。

第1节 答疑介绍

情景22 产品有你说的那么好吗

情景再现

导购："小姐，您想看一下除痘类的产品，对吗？"

顾客："是的。"

导购："您看看我们这一款洗面奶吧，不仅能有效祛除痘痘，还能紧缩毛孔，让暗疮也消失得无影无踪。"

顾客："不可能吧？有你说的那么好吗？"

......

顾客经常用"有你说的那么好吗""不可能吧""不相信""真的假的"等话语来表示对导购促销人员话语真实性的看法。

行为分析

顾客之所以这么说，可能存在着以下两个方面的心理状态，如图3-1所示。

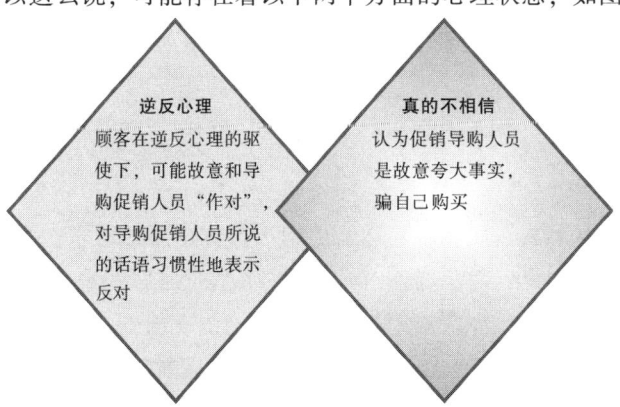

逆反心理
顾客在逆反心理的驱使下，可能故意和导购促销人员"作对"，对导购促销人员所说的话语习惯性地表示反对

真的不相信
认为促销导购人员是故意夸大事实，骗自己购买

图 3-1 顾客怀疑你的原因

事实上，有些顾客认为导购的工作就是"骗顾客掏腰包"。所以，消除顾客的误解至关重要。

话术模板

说法一 "先生，您这么想很正常，但用这款相机拍出来的照片确实非常清晰。您试一下吧，看看我说的是不是真的！"

★ 对于有体验条件的产品，最好让顾客亲自体验一下，这样既能消除他的质疑，还能更好地激发他的兴趣。

说法二 "很多顾客刚开始都不相信我的话，但是这款产品的质量确实非常好，您看，它是国家免检产品，还通过了××认证……"

★ 列举出一些事实，如产品的材质、所用技术、获得的认可等，来证明自己所说不假。

说法三 "小姐，很多顾客刚开始都不相信我所说的，但买了以后才发现这种产品的质量确实特别好，所以我们这款产品到现在的报修率仅为0.01%。"

★ 对一些比较理性、特别看重数据的顾客来说，数据更有说服力。

错误提醒

错误应对做法 不理睬顾客的质疑，继续夸夸其谈。

★ 如果不消除顾客的不信任感就继续介绍产品，会让顾客的逆反心理继续作怪，不信任感逐渐加深，导致最终无法实现销售。

错误应对说法 "我骗你干啥？少你一个人买我也无所谓，我至于骗你吗？"

★ 不拿出事实根据而与顾客争辩甚至狡辩，那只会越描越黑，让顾客的不信任感越来越强。

技巧运用

技巧一 当顾客提出质疑时，导购促销人员一定要让顾客亲自体验或列举有关事实及数据证明自己，而不要苍白无力地对顾客宣告"我没有骗你"。

技巧二 向顾客列举事实证明自己时，一定要表现出坚定自信的神情，这比所说的内容更加重要。顾客会通过自己的直观感觉判断我们是不是在骗他。

技巧三 在介绍产品的过程中，有时顾客并不是真的反对，只是在逆反心理的作用下频频与我们"作对"。所以，导购促销人员要掌握消除顾客逆反心理的技巧（见表3-1）。

表3-1 消除顾客逆反心理的方法

技巧	具体方法
多提问少陈述	在沟通过程中，陈述是很容易引起对方的逆反心理的，这是因为大多数的陈述通常有一个明确的观点和立场，很容易被顾客抓住漏洞，并提出反对意见。例如"今天天气不错"这一陈述就容易被持有其他观点的人反对，天气在他们看来可能是"太热""风很大""要下雨"等。而如果我们说"今天天气怎样"，就一般不会出现对方反对的情况
提升自身的可信度	在销售沟通中，顾客总是本能地对导购促销人员小心提防。所以，提升自身的可信度应该是导购人员在销售过程中的主要目标。信任感可以使双方的关系更为融洽，这样也就从根源上减少了顾客的逆反心理
利用顾客的好奇心	激起顾客的好奇心是引导他们进行有效沟通的最佳途径之一。有好奇心的顾客愿意更多地了解你的产品和服务。当顾客开始产生好奇心的时候，沟通的气氛会变得活跃起来，好奇心使其更加投入，注意力更集中，甚至身体也会靠拢过来

技巧四 导购促销人员在介绍产品时不要随意说大话，否则会因为不能自圆其说而丧失顾客。

万能话板

先生，您这么说很正常，很多顾客刚开始也都觉得我是在说大话……（请顾客体验或用数据、事实说服顾客）

情景 23 听朋友说这款产品不好

情景再现

导购："小姐，是想买电吹风吗？"

顾客："是啊，给我推荐一款性价比高一点的吧。"

导购："好的。您看看这款怎么样？××牌子的……"

顾客："我听朋友说过这款产品不好。"

……

导购促销人员向顾客推荐产品时，经常会遇到顾客说"听朋友说过这款产品不好"的情况。

行为分析

顾客的商品信息通常来源于三个方面，如图3-2所示。

亲自体验	导购介绍
顾客通过视觉、触觉、听觉等感觉系统对商品产生直观的感受，是顾客最相信的信息	因为顾客和导购的对立关系，通过导购促销人员所了解的信息，顾客会认为水分最大

第三方评价
顾客通过身边的亲朋好友或者互联网、报纸等第三方渠道所了解的信息，比自身体验的影响效果低而比导购介绍的高，其中身边的朋友提供的信息又是顾客最信任的

图3-2 顾客的信息来源

可见，顾客身边的亲朋好友传达的信息对其购买决策影响很大，仅次于亲身体验的影响。如果身边的朋友购买了同一款产品并产生了负面评价，那顾客也许就会对这款产品充满不信任感。

话术模板

说法一　向顾客提问："先生，我理解您的感受，的确，一款产品用起来的感觉是非常重要的。那我能不能请教您一下，您的朋友说过它具体是哪方面不好呢？"

根据顾客的答案，分两种情况讨论。

（1）顾客支支吾吾，说不清楚具体哪方面不好用。

"先生，我明白了，您朋友可能是不喜欢这款产品。的确，经常有这种情况发生，一款产品明明大多数顾客都说好，可就是有个别人不喜欢，这可能是个人爱好不同的原因吧，您说是这样吗？"

★ 强调顾客的朋友说不好用是个人喜好的原因，并暗示顾客这款产品大多数顾客都说好，消除朋友的话对他的影响。

（2）顾客说出了具体不好用的原因。

"先生，我明白了。真不好意思，都怪我没跟您说清楚，关于这方面，它是这样的……"

★ 客观公正地说清楚产品的优缺点，然后再根据顾客的反应继续说明该产品能给顾客带来的利益，或推荐新产品。

说法二　"小姐，您这么想很正常。我原来和您的想法是一样的，后来才发现不同的人用同一款洗发水的效果是不同的，因为每个人的发质都是不一样的。"

★ 如果商品的使用效果因人而异，而且体现得比较明显，可以用上述这样的话来应对。

错误提醒

错误提醒 1　"你自己试试，别管他！你那个朋友一定是瞎说的！"

★ 不尊重顾客。

错误提醒 2　"不可能吧，很多顾客都说非常好啊！"

★ 没有说服力，并且有质疑顾客在撒谎的意味。

错误提醒 3　"啊？那我给您换一款吧。"

★ 这样相当于默认了这款产品的确不好，给顾客推荐不好的产品本身就是对他的不尊重，有欺诈的嫌疑。

技巧运用

技巧一 首先承认顾客这种说法很正常，不要把自己与顾客对立起来，然后再询问顾客具体的原因并区别对待。

技巧二 强调顾客和"朋友"是不同的个体，对同一件商品的感受可能不同。

技巧三 告诉顾客产品的口碑过硬，但个别人认为不好是无法避免的事情，最重要的是顾客本人的体验与感受。

技巧四 如果顾客提出一些他觉得这款产品不好的具体原因，恰是这件商品的劣势所在，而顾客又特别看重这一点，这时应客观评价这款产品并推荐别的产品。

万能话板

先生，我理解您的感受，的确，一款产品用起来的感觉是非常重要的。我想请教您一下，您朋友说过它具体是哪方面不好吗？

情景 24　这个是新上市的牌子吗

情景再现

促销导购人员在向顾客介绍产品时，还经常会遇到顾客质疑产品品牌的情况，顾客可能会问"这牌子是新出的吗""这牌子可靠吗""这牌子不知道怎么样"等。

行为分析

一个品牌之所以能引起广大顾客的关注，是因为它在品质、服务、价值、文化等方面都可以给顾客带来好处，如图 3-3 所示。

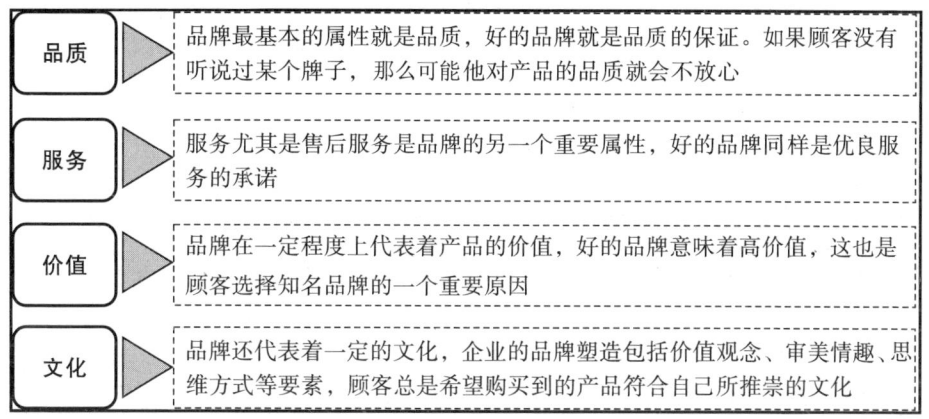

品质	品牌最基本的属性就是品质，好的品牌就是品质的保证。如果顾客没有听说过某个牌子，那么可能他对产品的品质就会不放心
服务	服务尤其是售后服务是品牌的另一个重要属性，好的品牌同样是优良服务的承诺
价值	品牌在一定程度上代表着产品的价值，好的品牌意味着高价值，这也是顾客选择知名品牌的一个重要原因
文化	品牌还代表着一定的文化，企业的品牌塑造包括价值观念、审美情趣、思维方式等要素，顾客总是希望购买到的产品符合自己所推崇的文化

图 3-3　品牌的属性

顾客之所以对自己不熟悉的品牌提出质疑，可能有以下四个方面的原因。

1. 我们所推荐的产品，在品质上让他觉得没有保证。
2. 我们所推荐的产品，在服务上让他觉得没有保障。
3. 顾客不能确定拥有或者使用该产品是否能给他带来高价值以及尊贵的体验。
4. 该产品是否代表着他所欣赏、推崇的文化也不得而知。

话术模板

分情况处理：所售产品品牌有一定知名度及美誉度；所售产品品牌知名度较差或者是刚上市的新品。

（1）导购促销人员所售产品品牌有一定知名度及美誉度

说法一　"这很正常，可能是您不太关注这方面的信息吧！这个牌子可相当不错，质量特别好，返修率仅为 0.01%；售后服务好，光咱们本地就有五个维修点呢；而且主要是针对您这样的年轻人开发设计的，您用着正合适。"

★ 先用"这很正常，可能是您不太关注这方面的信息吧"，委婉地指出顾客的"孤陋寡闻"，又避免了尴尬的气氛；然后从品质、服务、价值、文化四个方面来描述该品牌的优点，将品牌所代表的属性细分，打消顾客的疑虑。

说法二　"您主要是担心什么问题？质量、售后服务还是品牌的名气？"

★ 向顾客提问，弄清具体问题后再对症下药。这样做的好处有两个方面：一是避免了指出"该品牌很有名"而给顾客带来的尴尬；二是搞清了具体问题才能对症下药，双向沟通避免了长篇叙述可能给顾客带来的夸夸其谈的感觉。但也有一个缺点是，顾客的回答可能避重就轻或并非心中所想，容易让沟通陷入死局。这种方法最好是在顾客购买意向比较明显的情况下使用。

（2）导购促销人员所售产品不知名，甚至是刚上市的新品

说法一　"您主要是担心什么问题？质量、售后服务还是产品的名气？"

★ 将品牌问题具体化，转化到具体的质量、服务和名气等方面，然后就这些方面为顾客做出解答，向顾客承诺，排除其疑虑。

说法二　"您没听过很正常，我们这牌子才刚上市不久，但大家反映都非常好（从品质、服务、价值、文化方面讲述其优点）……现在就是要拓展市场，所以才卖这么便宜，以后就不是这个价了！"

★ 坦诚自己的品牌不知名，然后从品质、服务、价值、文化四个方面排除顾客对不知名品牌的不信任感，最后再强调不知名品牌产品的一个普遍优势，即价格便宜。

说法三　"我们的产品是不知名，所以才卖这么便宜啊！您看这么好的质量才卖这么点钱，多划算啊！"

★ 强调产品的性价比，用事实证明产品的质量或服务特别好，而忽视品牌的其他属性，因为有很多顾客并不太看重品牌的价值、文化等因素。这种方法仅适用于推荐给那些重视性价比的顾客。

😞 错误提醒

错误提醒1　"是你孤陋寡闻吧？这么有名的牌子你都没听说过，×××做的广告呀，你没看过吗？"

★ 直接指出顾客孤陋寡闻，容易让顾客对你产生不满。

错误提醒2　"我也不知道啊，这个牌子我原来也没听过。"

★ 顾客之所以关心品牌，是因为他对质量、服务很多方面都不放心，这时候需要给他解释品牌所代表的属性。

技巧运用

技巧一　促销导购人员应了解产品知识及企业背景，尤其是产品或企业获得的一些证书、荣誉等，如"国家免检""国家驰名商标""通过……认证"等。

技巧二　面对顾客对品牌的质疑，促销导购人员可以运用数据证明产品的质

量和服务。数据有非常强的说服力，那么数据从哪里来呢？

　　导购促销人员首先要熟读产品说明书，了解企业及产品相关资料。这里就可能有相关的用来说服顾客的数据，例如导购促销人员销售一款有补充维生素 C 功能的饮品，产品说明或者企业的一些资料可能就有"每瓶含××毫克"的信息，有了这些数据就比我们说"含有大量的维生素 C"更有说服力。

　　导购促销人员还要善于在实践中总结，例如有导购员说，"这款衣服光今天上午就卖了三件了，你还怕它不流行？"这就是将实践总结的数据再用于实践（如图3-4 所示）。

图 3-4　产品数据的来源

万能话板

　　这很正常，可能是您不太关注这方面的信息，这个牌子可相当不错，质量……，服务……，文化……，很适合您这样的人使用！

情景 25　顾客询问售后服务情况

情景再现

　　促销导购人员在介绍产品的过程中，顾客经常会针对产品的售后服务提出问题，比如"你们的售后服务是怎么做的""都有哪些售后服务项目""售后服务情况怎么样",甚至更具体地问"送货上门吗""保质期几年呀"等。

行为分析

无论购买什么产品,顾客都会非常关心它的售后服务,所以顾客咨询售后服务情况是一种很正常的行为。同时,顾客主动咨询产品的售后服务情况,说明他目前至少对产品产生了一定的兴趣,导购促销人员应抓住介绍售后服务的机会进一步吸引顾客。

话术模板

应对方法 "先生,您放心,一旦您购买了我们的产品,我们向您承诺将做到……的服务。如果您需要帮助,24 小时内都可以拨打我们的免费服务热线,我们工作人员在接到电话的 12 个小时内一定会上门为您提供免费服务的。"

★ 如实介绍产品售后服务状况,列出有关事实,让顾客对产品的售后服务状况放心。

错误提醒

错误应对做法 欺骗顾客,夸大承诺,在顾客面前虚报产品的售后服务项目。

★ 这样做违背了交易中诚实信用的原则,不仅会损害企业的名誉,甚至还会带来一些不必要的麻烦。

错误应对说法 "那是厂家的事情,和我们无关的。"

★ 推卸责任的做法,必然让顾客离我们而去。

技巧运用

导购促销人员在向顾客介绍产品的售后服务时,应该从服务理念、目标、程序及服务特点四个层次来叙述(如图 3-5 所示)。

理念和目标代表了企业做事情的态度,如"我们公司坚持以顾客为上帝的理念,以顾客百分百满意为目标";服务特点是企业区别于竞争对手的鲜明特点,一般能够体现服务理念,如"我们公司服务有小、快、灵的特点,就是'不管问题多小,都会最快时间上门,灵活处理故障',以达到让顾客满意的目标";服务程序是具体的操作指南,给顾客实实在在的保证,如"我们会在接到报修电话 24 小时内会上门为您免费维修"。

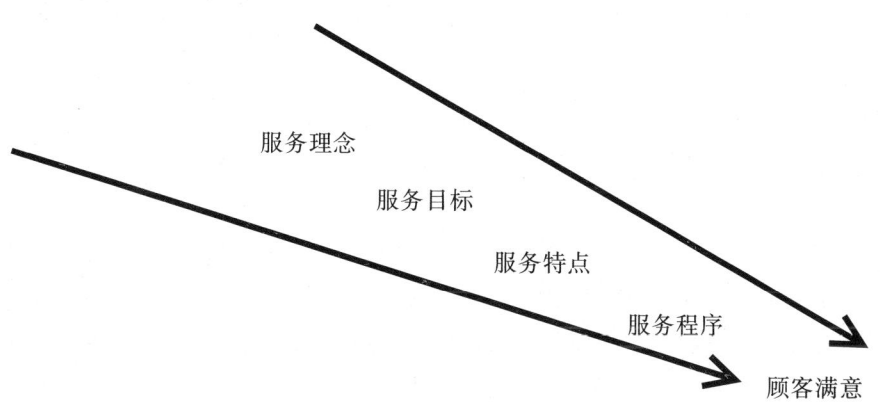

服务理念

服务目标

服务特点

服务程序

顾客满意

图 3-5 如何向顾客介绍产品的售后服务

万能话板

您不用担心，一旦您购买了我们的产品，我们将向您承诺做到……的服务。

情景 26 这产品质量能靠得住吗

情 景再现

导购促销人员介绍产品的过程中，顾客经常会对产品质量提出怀疑，比如"这款产品质量可靠吗""我不知道它质量怎么样""我怀疑它质量不好"等。

行 为分析

同售后服务一样，产品质量也是顾客选择产品过程中非常看重的一个因素，它直接影响着顾客的最终决策。而顾客对产品质量提出质疑，或主动搜集产品质量方面的信息，也可以证明他基本决定购买了。产品质量是一个严肃的问题，导购促销人员必须消除顾客对产品质量的疑虑，才有可能成功达成销售。

话 术模板

说法一 "先生，您放心吧，我们的产品质量绝对不存在任何问题，不信您打开试试。"

★ 对于有体验条件的产品，迅速将顾客引入体验阶段，既可以让他享受使用产品的愉悦，又可以轻松排除他对产品质量的异议。

说法二 "先生，您放心吧，我们的产品终生免费维修，您如果真把它用坏了，只需要一个电话，就有人上门给您免费维修。"

★ 强调产品优质的售后服务，之所以这么应对顾客主要有两方面的原因：一方面，良好的售后服务可以使顾客认为有质量问题也不怕，反正有售后保障；另一方面，顾客习惯性地认为售后服务做得好的企业，其产品质量同样可靠。

说法三 "先生，您大可以放心，我们的产品在质量方面做得非常好，它的返修率仅为0.1%，用户针对质量的投诉率仅为0.1%，该产品还得到国际××认证、通过了国家免检等（列举一些比较有说服力的数据或事实，以证明产品质量值得信赖）。"

★ 数据或事实是说服顾客的有力武器，而且还能提高顾客的心理价位。

错误提醒

错误提醒1 "质量绝对没问题，你放心吧，有质量问题你给我拿回来，公司不给你赔我个人给你赔。"

★ 夸大承诺，容易让顾客觉得夸夸而谈，不值得相信。

错误提醒2 "你看多便宜啊，而且这么多功能，这么大的便宜还不捡？"

★ 产品质量问题是一个严肃的问题，我们不能避而不谈。即使导购促销人员销售的产品在质量方面比起竞争品没有优势，我们也应给顾客理性分析，让顾客对产品质量有深刻的认识。

技 巧运用

当顾客对产品质量提出疑问时，导购促销人员的处理思路如图3-6所示。

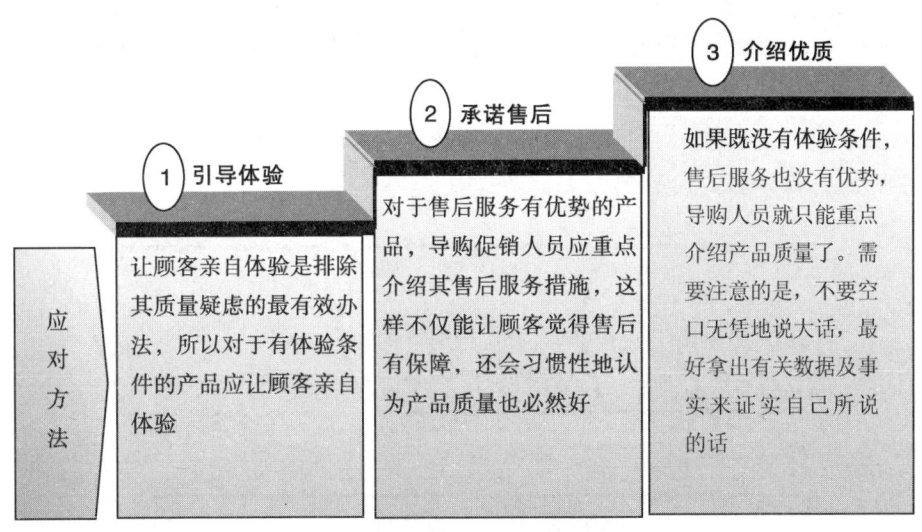

图3-6 处理顾客异议的三种思路

万能话板

先生，您大可放心，我们的产品在质量方面做得非常好……（列举有关数据或事实证明自己并非说大话）。

情景 27 使用效果不知道怎么样

情景再现

导购促销人员在介绍产品的过程中，顾客可能会对产品的使用效果提出疑问，如"不知道使用效果怎么样""这款产品对防止××有多大的作用呢"等。

行为分析

产品的使用效果对顾客的购买决策有着非常大的影响，如果产品使用效果不好，不论其品牌多么强势、包装多么精美、价格多么优惠、广告多么诱人，都将被顾客抛弃。因为产品的核心价值就体现在使用效果上，所以关心产品使用效果是非常正常的一种心理。

同时，如果顾客对产品的使用效果提出疑问，我们还可以推测出顾客此时的心理轨迹。（如图3-7所示）

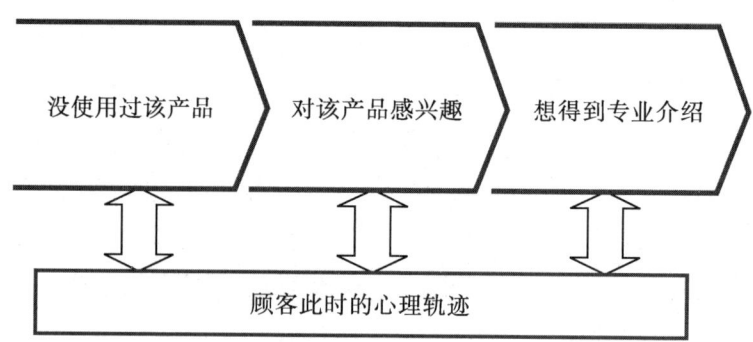

图 3-7 顾客关注产品使用价值所体现的心理轨迹

由图3-9可以看出，顾客已经由迷茫到开始对产品感兴趣，直至现在渴望得到专业介绍，所以该顾客是一个优质客户，导购促销人员要认真对待。

术模板

说法一 "是这样的，这款产品使用了一种从丝瓜和芦荟等植物中提取的独特成分，采用生物萃取技术提炼而成，不但能滋养皮肤，还能有效预防皮肤黑色素的产生……都是纯天然的成分，还不会有副作用！"

★ 从产品的原料、工艺等方面出发，通过推理说明产品的使用效果很好。

说法二 "据市场调查显示，很多大明星用的也是这个产品，比如××、××和××等，他们都说好，我自己用的也是这款产品。"

★ 应用一些活生生的例子来说明产品的广泛用途和良好的社会反响，以此证明产品使用效果不错。

说法三 "这款产品操作起来很简便，效果也是立竿见影，您可以试用一下！"

★ 对于通过试用能够马上体验到使用效果的产品，应引导顾客亲自体验。

错误提醒

错误提醒1 "我们是大品牌，使用效果非常好！"

★ 大品牌不是万能的，不是所有的顾客都迷信大品牌。

错误提醒2 "你买了之后试了就知道！"

★ 没有说服力，很难取得顾客的信任。

技巧运用

顾客对产品使用效果不明白，导购促销人员应热情地给予解答，以增加顾客对产品的兴趣。导购促销人员可从以下三方面着手介绍产品的使用效果。

1. 产品的生产制造过程：使用的材料、工艺等，显示出产品的先进性。

2. 产品的市场表现：顾客数量、市场占有率，以及使用后的反馈等，注意必须列举出一些能够让顾客相信的证据。

3. 体验式介绍：邀请顾客试用/体验产品，同时与顾客沟通使用效果，加深顾客对产品的印象。对于有体验条件的产品，这个方法绝对是最好的，应优先运用此方法。

万能话板

这款产品对……的效果非常好，目前这款产品卖得非常火，有很多人用，用完的评价都非常好，例如……（列举有关证据）。

情景28 现在有什么优惠活动吗

情景再现

导购促销人员在向顾客介绍产品时，经常会遇到顾客提出有关优惠的问题，比如"有没有优惠活动啊""今天买有什么优惠吗""什么时候才有优惠活动啊"等。

行 为分析

因为市场竞争激烈，许多企业在销售终端都频繁推出促销活动，以扩大市场占有率。这就造成了许多顾客习惯于购买有优惠活动的商品。

所以，在销售过程中，导购促销人员要善于利用顾客的这种心理，在有促销活动的情况下我们要放大顾客"想要优惠"的心理，在没有促销活动时就安抚顾客，尽量减少这种心理的负面影响。

话 术模板

（1）没有优惠活动时。

说法一 "对不起，我们这款产品一般都不做促销活动，因为它本身的价格就非常低了，实在是没有利润空间再做优惠。"

★ 如实回答顾客，并试图消除顾客对商家的误解，让他相信自己并没有吃亏。

（2）有优惠活动时。

说法二："您运气非常好，我们正在做买一赠一的活动，礼品送完活动就结束了……"

★ 满足了顾客"要优惠"的心理，同时强调机会难得，促使其尽快购买。

错误提醒

错误应对做法 欺骗顾客，如一款商品的价格本来就是108元，导购却对顾客说："您运气非常好，我们这款商品的价格本来是188元，现在做活动只卖108元……"

★ 这样做尽管有可能卖出去产品，但对企业的整体形象不利，还有可能引来一些不必要的麻烦。

错误应对说法 "对不起，没有优惠活动。"

★语气太过生硬。

技 巧运用

技巧一 没有促销活动时，导购促销人员要尽量安抚顾客，强调产品"利润空间小、很少有优惠活动"。

技巧二　运用最频繁的促销措施就是"买赠"活动，所以促销导购人员要学会选择赠品，合格的赠品至少应具备以下特征。

选择促销品的技巧

1. **品牌联想性**

   赠品应该具有一定的品牌信息传播性，反映了品牌的一定特性，能让顾客一拿到赠品就联想到××品牌，起到有效信息提示的作用。

2. **定位一致性**

   赠品的定位必须与品牌定位一致，这样才能最大限度地发挥赠品的作用，例如该品牌的定位是高档次的，那么赠品也必须看起来比较精美、有档次。

3. **质量可靠**

   现在很多赠品的质量比较低劣。其实赠品的质量也非常重要，如果质量不过关就会损害品牌在顾客心目中的形象，违背了促销活动的初衷。

4. **关联性**

   赠品应该与产品之间有一定的关联性，以更好地满足顾客需求，如卖红酒送开瓶器或酒杯等。

5. **独特性**

   赠品只有具有了新颖、独特、不常见等特征后，才能有效促进产品的销售。

技巧三　除了合理选择促销品外，促销导购人员在卖场做优惠活动时还要善于利用促销品、促销台、促销海报等道具。促销台应放在客流量较大的过道旁边，上面合理摆放促销品，同时也将促销海报置于显眼位置，以吸引顾客眼球。

万能话板

对不起，我们这款产品目前没有优惠，因为它本身的价格就非常低了，实在没有利润空间再做优惠活动！

您运气非常好，我们正在做优惠活动，……，马上就要结束了。

情景29 这款产品的主要优点是什么呢

情景再现

当导购促销人员给顾客介绍完产品后，顾客还似懂非懂地问："这款产品的主要优点是什么？"

行为分析

导购促销人员向顾客介绍产品最常用的方法就是 FABE 销售法，就是依次介绍产品的特征、此特征所产生的优势、此优势带给顾客的利益及能证明自己所说的证据（详细说明见下文"技巧二"）。其中，产品的优点是很重要的一部分内容，是必须跟顾客说清楚的。

如果顾客反问"产品的主要优点是什么"，说明促销导购人员对产品优点的说明含糊不清或者主次不明，以致他无法理解。

话术模板

方法 "这款产品的最大优点就是静音效果好，从此以后您不用再担心噪声问题了。除了没有噪声之外，它在售后服务和产品质量上也做得比同类产品要好一些。"

★ 分清主次，重点叙述产品的核心优势，然后再简单叙述其他优势，叙述的过程要清晰明了，让顾客一听就明白。

错误提醒

错误提醒1 "它的优点是静音效果、售后服务和产品质量，这款产品不仅提供三年的售后优质服务，还没有噪声，而且产品质量特别好。"

★ 不分主次介绍产品优点，很难让顾客完全记住，也可能会误导顾客。

错误提醒2 "你不明白吗？那我跟你说不清楚，你自己看吧！"

★ 这是一个不合格的导购促销人员的做法，没有顾客在被怠慢的情况下仍然愿意购买产品。

技巧运用

技巧一 在介绍产品的过程中，导购促销人员要注意抓"一个中心，两个优势"，不要平铺直叙，把产品所有优点都大力夸赞一番。

"一个中心"是指以顾客的需求为中心，两个优势指的是产品的核心优势及产品的主要优势。也就是说，介绍产品要以顾客的需求为中心，然后重点介绍产品的核心优势，其次才是产品的主要优势。

技巧二 促销导购人员需要熟练运用**FABE 销售法**进行产品介绍。

F 代表特征（Features）：产品的特质、特性等最基本功能。

A 代表由这特征所产生的优点（Advantages）：即 F 所列的商品特性究竟发挥了什么功能？这是向顾客说明购买的理由，并与同类产品相比较，列出其优势。

B 代表这一优点能带给顾客的利益（Benefits）：即 A 商品的优势带给顾客的好处。通过强调顾客得到的利益、好处，可以激发顾客的购买欲望。

E 代表证据（Evidence）：包括技术报告、顾客来信、报刊文章、照片、示范等，证据应具有足够的客观性、权威性、可靠性和可见证性。

简单地说，FABE 法就是在找出顾客最感兴趣的产品特征后，分析这一特征所产生的优点，接着找出这一优点能够带给顾客的利益，最后提出证据，证实该产品的确能给顾客带来这些利益。

万能话板

这款产品最大的优点就是……，你因此会得到……（好处），除了这个优点之外，它在……方面做得也非常不错。

第2节 适时介绍

情景30 我自己看，你去忙吧

情景再现

卖场里，一名顾客在看电磁炉。很明显，他非常喜欢眼前那款银灰色的电磁炉，但他对旁边几款也很有兴趣，不时地瞄上几眼。导购心想："是时候了，我现在过去给他重点推荐那一款银灰色的，应该能做成生意！"

于是，导购轻盈地走向顾客："先生您好，想买电磁炉是吗？"顾客轻轻地回应："嗯。"导购开始向顾客推荐："看得出来您喜欢这款银灰色的，您眼光非常不错！这是我们今年卖得最好的一款……"顾客却突然打断了导购的话，说："我自己看，你去忙吧！"导购很尴尬地走开了。

导购促销人员经常会遇到类似的情况，向顾客介绍产品时被拒绝，比如"我自己看吧""我随便看看""你忙你的，别管我"等。

行为分析

一般来说，顾客在卖场表现出了对产品的需求和兴趣，但却用"自己看"拒绝了导购促销人员的产品介绍服务，可能有如图3-8所示的三个原因。

心理1	顾客的行事风格如此，只相信自己，认为导购对自己不会有帮助
心理2	随便逛逛，不打算买东西
心理3	心情比较差，不想跟人交流

图3-8 顾客拒绝导购的三个原因

此时，顾客无论是在哪种心理状态下，他都不希望被打扰，导购应在一旁耐心等待，在顾客有需要的时候再适时出现并帮助他。

话术模板

说法："好的，先生，您自己看吧，需要帮助的话请随时叫我。"

★ 尊重顾客，不要再打扰他，同时说"有问题我随时都可以帮您"，赢得好感，也为后面顾客提出问题做铺垫。

错误提醒

错误提醒 1 掉头不理顾客。

★ 尽管顾客现在不需要我们的帮助，但可能接下来就会需要。等顾客提出问题时，我们就可以利用机会展示产品的卖点。

错误提醒 2 继续向顾客介绍产品。

★ 喋喋不休会让顾客产生反感的情绪，对销售产生负面的影响。

错误提醒 3 情绪化对待顾客，对顾客有不敬的言辞和表情。

★ 顾客有拒绝我们的权利，无论他买不买东西，都应该得到尊重，否则只会让我们的利益受到损失。

技巧运用

技巧一 尽管介绍产品的要求被拒绝了，但仍要对顾客保持关注，可以在一旁边做别的事情边留意顾客，以寻找新的接近机会。

技巧二 被顾客拒绝以后不要显得尴尬，这是导购促销人员应具备的基本素质，站在顾客的角度思考就会理解自己被拒绝是很正常的事情。

技巧三 沟通中有一个 7/38/55 定律，即 7% 的话语+38% 的声音表现+55% 的肢体语言=好的沟通，如图 3-9 所示。

可见，沟通中最重要的是肢体语言，其次是声音表现，而谈话内容仅仅占到 7%。

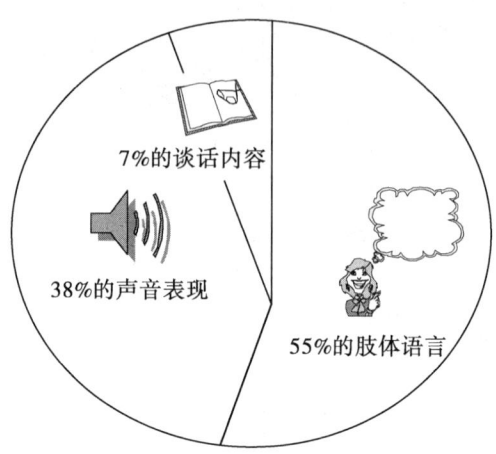

图 3-9　沟通中的 7/38/55 定律

万能话板

好的，您自己看，需要帮助的话请随时叫我！

情景 31　顾客打断我们的话，询问价格

情景再现

服装店里，一名顾客走到一款毛衣前，仔细看了一会儿。导购促销人员走过去："您喜欢这款毛衣吗？""嗯，挺好看的。"顾客回答说。"这是今年的新款，纯羊毛……"导购正介绍产品，却被顾客突然打断："多少钱呀？"

这类情况很多，尤其是一些没有明码标价的商品，导购促销人员经常正介绍时被顾客打断，询问其价格。

行为分析

大部分顾客在购物时考虑最多的就是两方面的因素：一是商品满足自己需求

的程度；另一方面就是自己需要支付的价值。所以说价格是顾客做购物决策时非常重要的一个考虑因素。顾客过早地询问价格，一方面说明他对产品有兴趣，已经在考虑为这件商品支付多少钱比较合理；另一方面也说明他比较重视价格，如果产品价格超出他的心理价位太多，他就不会再在该产品上浪费时间。

话 术模板

方法一　如实告诉对方价格，并注意观察其反应。

★ 一般情况下，顾客听完报价后都会提出价格异议或者支付异议，顾客刚知道价格时的反应很重要，导购促销人员要注意观察，判断其心理价位。

方法二　"您认为多少钱比较合适呢?"

★ 先询问顾客的心理价位，如果实际价格比它低，就能给顾客一个惊喜；反之，就开始处理顾客的价格异议。

错误提醒

错误应对做法　不理会顾客，继续介绍产品。

★ 顾客这时候更关心价格，也许他对产品的了解已经足够。

技 巧运用

技巧一　销售中判断顾客的心理价位很重要，所以导购促销人员要在告诉顾客产品价格的第一时间注意观察顾客的反应。只要能准确了解其心理价位，就能从容应付他接下来的砍价过程。

技巧二　促销导购人员在介绍产品时，要跟顾客互动起来，而不要只顾自己解说，让顾客被动地听，具体技巧如图 3-10 所示。

多提问	使用积极的肢体语言
一边介绍产品，一边就产品的一些具体特征向顾客提问，征求顾客意见，如"你喜欢吗""觉得这种设计怎么样"	介绍产品时要特别注意用肢体语言和顾客互动，积极的肢体语言能给顾客带来非常愉快的感受

导购介绍产品时和顾客互动的技巧

介绍产品时注意观察顾客反应，才能知道哪些问题是顾客所关心的，接下来好重点沟通	有条件的情况下，请顾客直接体验产品，这样能让顾客更积极地参与其中
观察顾客反应	让顾客体验

图 3-10　导购介绍产品时与顾客互动的技巧

万能话板

　　请您稍微等一下，我再告诉您价格，您看……（继续说产品一些比较独特的优点）

Chapter 4

第 4 章
引导体验好感生

"想要知道梨子的滋味，不妨亲口尝一尝。"其实任何产品都一样，只有亲自体验才能最直观、最深刻地感受到其优缺点。所以，导购促销人员将产品推荐给顾客后，在介绍产品的过程中应适时引导顾客体验产品。

第1节 直接放弃型

情景32 顾客试完后表示不满意

情景再现

导购促销人员在引导顾客体验完产品之后，顾客经常会对产品表示不满意，如"这款产品不适合我""这款产品操作太麻烦""这款产品拿着手感好差"等。

行为分析

产品体验是销售中很重要的一个环节，顾客在体验后就会对产品形成全面而直观的感受，而这个感受直接影响着其购买决策。所以，导购促销人员需要了解顾客体验后对产品的感受。

一般来说，顾客体验完之后都会说出自己的感受，但这个说法并不一定是他的真实想法。事实上，即使顾客产品体验的感受非常好，他也可能会提出一些不满意见，这么做主要有以下两方面的原因，如图4-1所示。

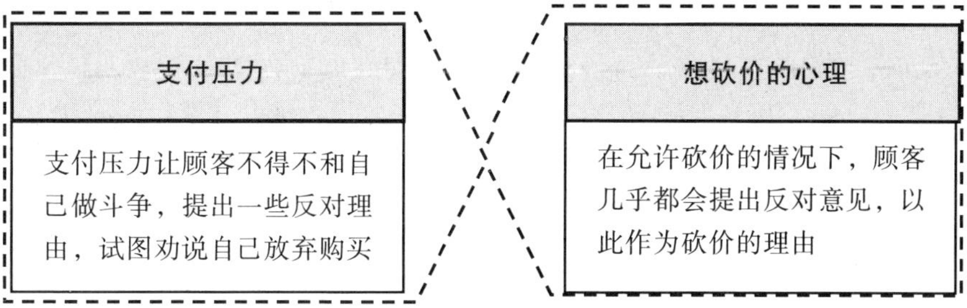

支付压力		想砍价的心理
支付压力让顾客不得不和自己做斗争，提出一些反对理由，试图劝说自己放弃购买		在允许砍价的情况下，顾客几乎都会提出反对意见，以此作为砍价的理由

图4-1 顾客试完产品后不满的原因

所以，当顾客体验完产品提出一些不满意见时，导购促销人员不要急于推荐其他产品，而应当首先弄清楚顾客的真实想法，判断是真的不满意还是支付压力太大或者想砍砍价。

话 术模板

方法 "您说得不错，这款产品因为形状比较特殊，所以刚开始拿手里的时候感觉的确不好，但慢慢就会习惯的。都怪我刚才没跟您说清楚，因为我认为您比较看重的……方面，这款产品都做得非常好。所以我想您不会太在意手感，不知道我想的对不对呢？"

★ 诚恳向顾客道歉并解释，然后询问其是否真的在意这个缺点。

错误提醒

错误提醒 1 "哦，不好意思，那我帮您换一款吧，您再试试这个。"

★ 盲目帮顾客推荐其他产品，可能违背顾客的真实想法，而且也是不负责任的一种表现。

错误提醒 2 "不会吧？别人都说手感很好呀，您再试试吧！"

★ 暗示顾客撒谎，质疑顾客。

错误提醒 3 "不可能，这款产品的手感非常好，在××上被 98%的使用者评为本年度手感最好的机型，还有……，都证明它手感特别好。"

★ 直接反驳顾客，尽管证据很充分，可即使赢了辩论，也会丢了顾客。

技 巧运用

技巧一 导购促销人员首先应该承认顾客的反对意见，并进行理性分析，证明"它并不是什么大不了的毛病"，将这个反对理由的负面影响减到最小。

技巧二 导购促销人员应进一步向顾客解释之所以推荐这款产品的理由，强调这款产品的优点，以吸引顾客。

技巧三 向顾客道歉，解释自己原本认为对方不会看重该缺点，询问事实是否如此，如果顾客态度果断地加以否定，就应向他道歉并推荐其他产品。

技巧四 不要听到顾客的一点反对意见就盲目向他推荐其他产品，这样会给顾客留下不负责任的印象。

万能话板

您说得不错，这款产品在这方面确实不太好，但并非不可救药，因为……；都怪我刚才没跟您说清楚，因为我认为您比较看重的……方面，这款产品都做得非常好。所以，我想您不会太在意这一点，不知道我想的对不对呢？

情景33　试完后一言不发就离开

情景再现

卖场里，导购促销人员引导顾客体验某产品，顾客试完之后什么也没说，放下产品转身走开了。

行为分析

顾客一般都会在体验完产品后提出一些意见，但像这样一言不发就离开的情况有时候也会出现，这让导购促销人员很难处理，几乎不知如何来应对这类顾客。

顾客体验完产品后转身一言不发地离开，这其中可以证实的一点是：我们的产品或者服务必然没有达到顾客的期望、没有引起他的购买欲望，所以他才会表现得毫无兴趣、一言不发地离开。

但具体是哪一点没有达到顾客的期望呢？这很难做出判断，只有顾客知道答案。所以，这时导购促销人员应求助于顾客。

话术模板

方法一　"这位先生，请您留步，我想请教一下您是对颜色还是款式不满意呢？还是您对这个牌子不感兴趣？有什么想法说出来好吗？这样我才可能帮您找到想要的产品，您说对吗？"

★ 真诚询问顾客具体是哪方面的原因，站在顾客的立场上说，"只有说出您的想法，才能找到您想要的产品"。

方法二 "这位小姐，您先别走好吗？我想请教一下您认为哪方面不好？即使不买产品，您的建议对我们也肯定是有用的，我刚工作不久，您就当是指导我了，好吗？"

★ 态度诚恳地请求顾客留下建议，这时顾客说出的可能就是他之所以离开的原因，帮顾客解决了这个问题就可能完成销售。

错误提醒

错误提醒1 不理睬顾客，走就走吧。

★ 不合格的促销员，轻易放过销售机会。

错误提醒2 "等一下！你真心想要的话我可以给你便宜点。"

★ 没有搞清楚问题所在就盲目降价，降价不能解决所有的问题。

错误提醒3 "等一下！你到底是想要什么样的呢？"

★ 不礼貌，此时没有诚恳的态度很难让顾客说出真实想法。

技巧运用

技巧一 遇到顾客体验完产品之后一言不发就离开的情况时，导购促销人员应设法弄清楚顾客此时的真实想法，而不要盲目判断，轻易给顾客降价，或者任由他离去。

技巧二 导购促销人员应该用诚意打动顾客，真诚的请求才可能让顾客说出真实原因。

万能话板

这位小姐，您先别走好吗？我想请教一下您认为哪方面不好？即使不买产品，您的建议对我们也肯定是有用的，我刚工作不久，您就当是指导我了，好吗？

情景 34   东西是不错，可我不想买

情景再现

顾客体验完产品后，在大多数情况下都会提出反对意见，导购促销人员就可以通过处理这些反对意见来促成销售。但有时候也会发生这种情况：顾客体验完产品后对产品连连称赞，却并不愿意购买，说："东西是不错，可我不想买。"

行为分析

很多导购促销人员只会处理顾客的反对意见，所以当顾客表示"东西不错，但不愿意购买"时，他们变得无可奈何。其实，顾客这时表示的"东西不错"并不一定是他们的真实想法。一般来说，在以下两种情况下顾客可能会这么说。

第一，顾客认为产品确实不错，他非常喜欢，但迫于成交压力，或者他本身没有支付能力，所以坚决表示自己不买。

第二，也许之前促销导购人员在产品介绍时放大了产品优点，可是顾客体验完之后发现产品并不像导购促销人员说得那么好，离内心的期望有较大差距，但又不想与导购促销人员辩论，所以就不提出反对意见，承认"东西不错"，但同时表示自己不想买。

对于第一种情况，导购促销人员就需要减轻顾客的压力；而对第二种情况，导购促销人员就需要处理顾客真正的异议或推荐其他产品。两种情况下的处理方法不同，所以导购人员应对这个问题时首先应弄清楚顾客的真正想法。

话术模板

方法   "谢谢您的夸奖，的确很多顾客对这款产品的反映都特别好。但听您这么说，我就知道您肯定有不同的想法，我想知道您认为这个产品在哪些方面不适合您？您就当是提建议，我们以后好改进，好吗？"

★ 以诚恳的态度请求顾客说出自己的真实想法，然后再根据答案具体应对。

错误提醒

错误提醒 1   "那你为什么不想买呢？"

★ 这样很难问出真正的答案，有质问顾客的嫌疑。

错误提醒 2 "觉得不错就赶紧买了呗！"

★ 给顾客更大的压力，而且有讽刺的意味。

技巧运用

技巧一 顾客体验完后说"东西是不错，可我不想买"，导购促销人员不要因为他对产品的正面意见而沾沾自喜，这实际上是拒绝销售的一种表现，导购促销人员必须非常真诚地请求他说出真实想法。

技巧二 如果在我们的请求下，顾客对产品提出了反对意见，那我们的目的就达到了。导购促销人员这时应该向他解释："都怪我没跟您解释清楚，关于这方面是这样的……"

技巧三 如果顾客表示自己不愿意购买是舍不得花钱，或者支支吾吾、迟迟不能说清不买的具体原因，那可能就是支付方面的问题了。导购促销人员这时应强调"机会难得""遇到适合自己的产品不容易""产品很值，现在购买很划算"等，以减轻顾客的压力，促成交易。

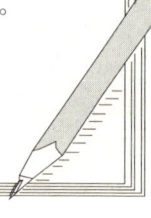

万能话板

谢谢您的夸奖，的确很多顾客对这款产品的反映都特别好。但听您这么说，我就知道您肯定有不同的想法，我想知道您认为这个产品在哪些方面不适合您？您就当是提建议，我们以后好改进，好吗？

情景 35 我只是想看看，没打算买

情景再现

导购促销人员引导顾客体验完产品之后，顾客并没有对产品提出反对意见，却说："我只是想看看而已，根本就没打算买。"

行为分析

顾客说"我只是想看看，没打算买"时，很多促销导购人员就认为对方不属于潜在的目标客户，根本没有购买可能，这就大错特错了。

事实上，很多购买行为都属于冲动型消费，并不是顾客计划内的。顾客此时之所以这么说，可能有以下两方面的原因，如图4-2所示。

<table>
<tr><td>产品没有满足顾客期望

通过体验，顾客发现产品不能让他满意，但他不想和导购浪费口舌，所以并不打算提出产品异议，而是说"根本没打算买"</td><td>支付方面的问题

顾客也许对产品感兴趣，但支付压力太大，或者根本没有支付能力，所以他用"没打算购买"作为托词，借故离开</td></tr>
</table>

图 4-2　顾客说没有购买计划的原因

促销导购人员这时应找出真正的问题所在，而不要因为对方"没有购买计划"就放走一次成交机会。

话术模板

方法　"小姐，买不买都没关系！我想请教一下，您试完这款产品后有什么想法呢？您觉得哪些方面做得不好，我们以后好改进！"

★ 首先说"买不买都没关系"以安抚顾客情绪，避免出现尴尬，然后诚恳询问顾客对产品的看法。

错误提醒

错误提醒 1　"没关系，欢迎您随便看。"

★ 没有了解顾客对产品的想法，销售不够主动。

错误提醒 2　"那你打算什么时候买呢？"

★ 有讽刺顾客的意味，这样的问题不会对销售有帮助。

错误提醒3 "不买有什么好看的!"

★ 不礼貌，顾客有决定买或不买的权利。

技巧运用

技巧一 顾客体验完产品后说自己没有购买打算，只是随便看看时，导购促销人员一定要追问其刚才体验产品的感受，然后根据顾客的回答来分析到底是对产品不太满意还是支付方面的问题。一般来说顾客这时的说法都比较真诚，如果他们对产品提出了很强的反对意见，则应给他推荐新产品；否则，就可能是支付方面的问题，导购促销人员应帮他减轻支付压力。

技巧二 导购促销人员不要在乎对方有没有购买计划，事实上顾客的很多购买行为都属于冲动性消费。

技巧三 向顾客询问其对产品的看法时态度必须非常真诚，请求顾客"对产品提出建议"的说法更能促使顾客说出真实感受。

万能话板

小姐，不买没关系！我想请教一下，您试完这款产品后有什么想法呢？您觉得哪些方面做得不好，我们以后好改进！

情景36　我今天又不打算买，不用试了

情景再现

卖场里，导购促销人员热情地向顾客介绍了一款产品，顾客看起来很有兴趣，是时候邀请顾客亲自体验一下了。"怎么样，这款产品不错吧！来，打开试试吧!"导购促销人员说。顾客却拒绝了，说："我今天又不打算买，不用试了!"

行为分析

"我今天又不打算买，不用试了。"顾客这么说，可见他已经对我们的产品产生了一定的兴趣，但迫于内心的压力，又用"不打算买"来拒绝体验。他这么说的目的有两个：一方面是为自己留有余地，试完以后如果产品很适合他，他不买也不会丢面子；另一方面是为了缓解压力，希望导购促销人员放松对他的跟进，让他独立思考，决定是否购买。

话术模板

方法 "小姐，买不买都没有关系，既然来看就应该多试试，这样才能找到适合您的产品。而且您试了要是觉得好，即使不买也可以帮我们做做宣传嘛！"

★ 缓解顾客的压力，劝导其体验产品。

错误提醒

错误提醒 1 "哦，那就算了吧！"

★ 顾客这么说并非是不想试，相反恰恰说明了他对产品有兴趣。导购促销人员这种主动放弃的做法很不明智，也是对顾客的不尊重。

错误提醒 2 "不试试怎么能知道想不想买呢？"

★ 这正是顾客担心的地方，增加了他的压力。

错误提醒 3 "试试怕什么？又不会非让你买！"

★ 这样说话对顾客不礼貌。

技巧运用

技巧一 顾客提出"不打算买，所以不用试了"时，导购促销人员应先缓解其压力，告诉他"买不买都没有关系"，顾全顾客的面子。

技巧二 导购促销人员应站在顾客的角度上告诉他"只有多试试，才能选到合适的产品"，劝导其体验。

技巧三 导购促销人员还可以站在自身的立场上告诉顾客"即使你不买，还可以帮我们做宣传"，这样就会完全打消顾客的顾虑。

万能话板

　　小姐，买不买都没有关系，既然来看就应该多试试，这样才能找到适合您的产品。您试了要是觉得好，即使不买也可以帮我们做做宣传嘛！

第2节　犹豫迟疑型

情景37　这款产品操作起来好复杂啊

情 景再现

　　顾客在体验产品的过程中，尤其像电子类的产品，经常会对操作提出意见，如"这款产品操作好复杂啊""我根本不会操作"等。

行 为分析

　　引导顾客体验的过程中，一个重要的环节就是教顾客学会如何操作产品。操作产品对于顾客的重要性主要体现在以下三个方面。

1 顾客购买产品的一个重要前提就是懂得如何操作，不懂如何操作的产品买了也没有什么用

2 顾客认为通过完整的操作能够验证产品有无质量问题

3 通过操作能将产品的功能体现得更完美，这样做会对顾客产生更大的吸引力

所以说能否亲自动手操作产品对顾客是否购买具有非常重要的作用。导购促销人员必须让复杂的操作在顾客眼里变得简单起来，只有能够得心应手地操作产品，顾客才可能购买。

话 术模板

方法 "是啊，这款数码相机的功能非常强大，所以不熟悉的时候会觉得操作非常复杂，但只要您用习惯了，就会发现它的操作设计得非常人性化。您看，这里有很多拍照模式，按这个按钮就可以切换，有肖像、风景，还有……这个按钮可以选择……怎么样，用起来非常不错吧?"

★ 首先承认顾客的说法，然后解释"之所以复杂，是不熟悉所致，只要熟悉了，就会觉得很简单"，最后动手给顾客演示，一方面教会顾客如何操作，另一方面趁机展示产品的各个优点，以吸引顾客。

错误提醒

错误提醒1 "是啊，好像挺复杂的，我也不太会。"

★ 不能帮助顾客解决问题，不是称职的导购促销人员。

错误提醒2 "不可能，很简单啊！这个按钮开机，这个按钮切换拍照模式，这个按钮……常用的就这么几个按钮，这还不简单啊?"

★ 这种说法仿佛在对顾客说"你很笨，这么简单的东西你都不会"，会让顾客产生不好的感受。

错误提醒3 "说明书上都有呢，你自己慢慢看吧。"

★ 推卸责任，没有认真为顾客服务。

技 巧运用

技巧一 遇到这类问题，导购促销人员首先要承认顾客有这种想法很正常，然后解释"之所以认为操作复杂，是不熟悉的缘故"，最后开始动手给顾客演示。

技巧二 导购促销人员在引导顾客体验的过程中，最好动手演示给顾客看，将产品的各个功能清晰地展现给顾客，然后再让顾客亲自动手操作，并随时准备帮他解决所遇到的困难。

技巧三 对于产品操作上的一些难点，导购促销人员必须掌握，并在引导顾客体验时重点给顾客演示，以教会顾客如何操作。

技巧四　在给顾客演示产品操作时，要运用 FABE 法，趁机向顾客展示产品功能上的优点。

> **万能话板**
>
> 是啊，您这么想很正常，但只要您熟悉了，就会发现它操作起来非常简单。我来演示给您看……怎么样，用起来非常不错吧？

情景38　这两款产品看起来没什么区别

情景再现

导购促销人员在引导顾客进行产品体验的过程中，经常会遇到顾客对相似的产品提出这样的疑问："这两款产品看起来没什么区别啊。"

行为分析

顾客在购买过程中总是喜欢对产品进行对比，希望购买到最适合自己的产品。

而市场上的产品颇为丰富，有些产品在外形或某些特征上看起来特别像，这就给顾客造成了困惑。他们肯定会在弄清这些相似产品之间的具体差别之后才可能购买，否则带着这样的困惑是无法做出购买决策的。

话术模板

方法　"先生，这两款产品看起来的确非常相似，但实际上它们有很大的差别：A 款的价格比较高，因为它的材质大部分都是铝合金的；B 款则只有表面镀了一层金属，里面就完全是合成纤维的了。来，您打开看看，这里面的材质看得很清楚。"

★ 先认同顾客，表示两款产品之间的相似点，然后再就它们的具体区别进行详细的说明并引导顾客体验，对比其优劣势，帮助顾客找出更适合自己的产品。

😞错误提醒

错误提醒 1　"这差别可大了，一个卖 99，一个卖 199，完全不是一个档次的，你说能一样吗?"

★ 不能说明问题，反而会让顾客更加迷惑，不知道买哪一款才划算。

错误提醒 2　"其实也没什么区别，你喜欢哪款就买吧。"

★ 这样说会让顾客觉得自己对产品知识还不够了解而不敢下购买决定。

错误提醒 3　"这个我也不太清楚，应该是没什么区别吧。"

★ 不称职的导购促销人员。

技巧运用

技巧一　导购促销人员一定要熟悉产品知识，对于某款特定的产品，导购促销人员不仅要掌握它的各类知识，还要掌握所有竞品的相关知识，并通过对比了解它们之间的优劣势。

技巧二　导购促销人员不仅要引导顾客体验其意向产品，而且还要引导顾客体验竞品，这样才能更清晰地说明它们之间的差别，对比分析其优劣势，帮助顾客做出决策。

技巧三　导购促销人员应帮助顾客理性地分析某款产品和它的竞品相比的优劣势，而不要为了故意抬高某款产品而贬低其竞品，那样的说法会显得极不可信。

万能话板

先生，这两款产品外观看起来的确非常相似，但实际上他们有很大的差别，其中这款……而那一款则……来，您亲自体验一下，就知道它们之间的差别了。

情景39　这款产品怎么看都好像是水货

情景再现

　　导购促销人员在引导顾客体验的过程中，顾客产品是否是正品经常会提出这样一类问题，如"感觉这款产品像水货啊""这款产品不是假的吧""我怎么能知道它是正品还是假货呢"等。

行为分析

　　因为某些市场的不规范，有一些不法商人会通过销售假货来欺骗消费者。假货和正品在成本、价格、质量、使用效果、售后保障、品牌附加价值、安全性等方面都存在着巨大差异，所以顾客经常会在体验产品的过程中提出这样的问题，这已经逐渐成为了顾客作购买决策时的一个重要关注点。

　　归根结底，顾客提出这样的问题还是因为对卖场不信任。所以导购促销人员应设法给顾客信心，建立其对卖场、品牌和产品的信任，这样才可能完成销售。

语术模板

　　方法一　"您关心这个问题很正常，的确，假货危害着我们每一个消费者的利益。但您只要了解了辨别正品的方法，就不会再有这样的担心了。您看，这里有产品序号……"

　　★教给顾客辨识正品和假货的方法，这对于那些防伪技术比较先进的产品最为适用，可以完全打消顾客的疑虑。

　　方法二　"我们这个商场是全国连锁的，不会为一点点小利润而坏了公司的声誉，而且我们都开国家正规发票，向顾客承诺假一罚十，如果您从我们商场买到了假货，可以凭借发票向我们索赔。"

　　★强调卖场的优质服务，给顾客树立信心，一些比较高档的卖场本身就是一种保障。

　　方法三　"我们这款产品都是保修两年，开国家正规发票的。我们公司在本市有很多保修点，而且我们这是厂家直销，如果产品有问题，您可以凭借购物发票随时去保修点维修，我们愿意负责到底。"

★ 强调产品的优质售后服务给顾客信心。假货最大的缺点之一就是缺失售后服务。

😞 错误提醒

错误提醒1　"怎么可能？这不是有防伪标识吗？"

★ 很多产品的防伪标识都能被模仿，所以仅仅这个理由并不能让顾客相信你。

错误提醒2　"我们的产品都是从正规进货渠道来的。"

★ 说服力不足，必须用能够证明的事实说话。

技巧运用

技巧一　顾客针对产品是否是正品提出疑问时，导购促销人员应首先说明可以开据正规发票，这本身就是正品的一个证明。

技巧二　对于那些防伪技术比较先进的产品，导购促销人员应教给顾客辨识正品的方法，这能完全打消顾客的疑虑。

技巧三　对于一些比较高档的购物卖场，导购促销人员可以介绍卖场的售后服务优势，给顾客树立信心。

技巧四　对于一些比较知名的品牌，导购促销人员可以介绍该产品的售后服务优势，为顾客树立信心。

万能话板

　　我们这个商场是全国连锁的，不会为一点点小利润而坏了公司的声誉，而且我们都开国家正规发票，向顾客承诺假一罚十，如果您从我们商场买到了假货，可以凭借发票向我们索赔。

情景40 顾客很感兴趣，却不愿意试用

情 **景再现**

卖场里，导购促销人员正在向顾客介绍产品。顾客看起来很有兴趣，导购请顾客亲自体验一下，顾客却表示不愿意。

行 **为分析**

一般来说，顾客只要对某一款产品真的感兴趣，他必然愿意亲自体验一下。如果顾客不愿体验，可能是他内心存在以下几方面的顾虑，如图4-3所示。

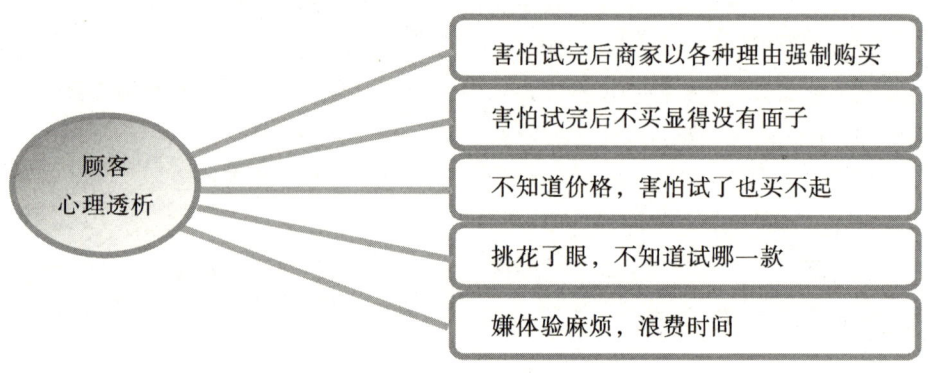

图4-3 顾客拒绝体验产品的心理透析

 话术模板

方法一 "美女，买不买都没关系，您喜欢就试试看。"

★ 针对顾客害怕试完后商家以各种理由强制购买的心理，用"买不买都没有关系"来消除顾客的顾虑。

方法二 "先生，您不试一下怎么能知道这台电脑有多棒呢？试一下吧，如果您试完后觉得不好，那不买也不会有遗憾；如果觉得满意，买起来也放心，您说对吧？"

★ 针对顾客害怕试完后不买显得没面子的心理，提前给顾客台阶下。（试完

后觉得不好可以不买)

方法三　"大姐，这款衣服现在正降价促销呢，才卖 135 元，您试一下，只要喜欢就可以买了。"

★ 针对顾客不知道价格、害怕试完后买不起的心理，直接告诉顾客价格，再让她体验。

方法四　"小姐，根据我多年的销售经验，还是这款更适合您，您试一下就相信我说的了。"

★ 针对顾客挑花了眼、不知道试哪一款的情况，很自信、很坚定地给顾客推荐其中一款产品。

方法五　"先生，我知道您很忙，可您不试试怎么能挑出真正适合自己的产品呢？不要在乎这几分钟了，试一下吧！"

★ 针对顾客嫌麻烦的心理，告诉他"只有亲自体验才能挑选出适合自己的产品""不要在乎这几分钟了"。

方法六　"小姐，为什么不愿意试试呢？这样怎么能挑出适合您的产品呢？能告诉我您的顾虑吗？"

★ 无法判断顾客处于哪种心理状态下时使用，缺点是顾客不一定会说出自己的真正顾虑。

错误提醒

错误提醒 1　"有什么可怕的？喜欢就试一下，又不收你钱！"

★ 没有排除顾客的顾虑之前，要求顾客体验只能引起他的反感。

错误提醒 2　"你不试一下怎么知道是不是好用呢？"

★ 有责怪顾客的意味。

技巧运用

顾客显得很有兴趣，却不愿意体验，可能是图 4-3 所示的五种原因，而不同原因有不同的应对方法。那么，导购促销人员如何判断顾客到底是因为哪种原因而不愿意试用呢？

这只能通过导购促销人员在长期实践工作练就的眼力来判断了。一般来说，各种不同特征的顾客容易产生不同的顾虑，如表 4-1 所示。

表4-1　不同特征的顾客容易产生的顾虑

顾虑	顾客特征
害怕试完后被商家强制要求购买	胆小，不太自信
害怕试完后不买显得没面子	自尊心强，性格比较内向，话不多，易害羞等
不知道价格，害怕试了也买不起	自尊心强，性格内向，易害羞
挑花了眼，不知道买哪一款	顾客同时对好几件商品都爱不释手，不知如何选择
嫌体验麻烦，浪费时间	重视效率，说话速度较快，声音较大，办事雷厉风行

万能话板

小姐，为什么不愿意试试呢？这样怎么能挑出适合您的产品呢？能告诉我您的顾虑吗？

情景41　顾客对产品挑三拣四，试来试去

情景再现

卖场里，导购促销人员引导顾客体验产品时，经常有顾客对产品挑三拣四，试来试去始终拿不定主意。

行为分析

顾客对产品挑三拣四、试来试去，至少有以下三个方面的原因，如图4-4所示。

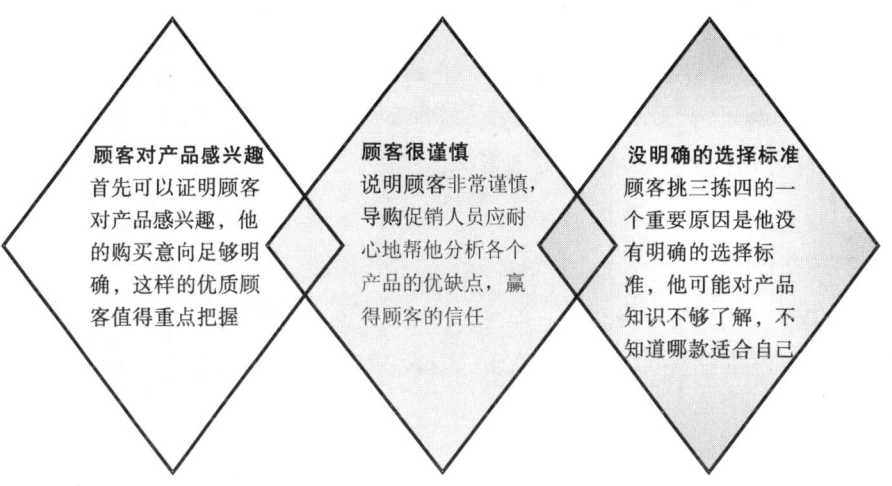

图4-4　顾客拿不定主意的原因

话术模板

方法一　"先生，能告诉我您具体想买一款什么样的产品吗？比如想要哪些功能、具体做什么用等。"

★ 挖掘顾客需求，帮助顾客确定选择产品的标准。

方法二　"小姐，是喜欢这一款吧？您的眼光非常不错，这款产品是德国进口，采用……技术。"

★ 注意观察，针对顾客关注最多的一款产品做重点推荐，如果不成功再推荐其他产品。

方法三　"先生，您看中的这几款都非常不错，其中这款的售后服务要好一些，而这一款性价比高些，那款设计得非常时尚，您更倾向于那一款呢？"

★ 注意观察，重点选择出顾客关注较多的两到三款产品进行推荐，比较它们之间的优劣势，帮助顾客决策。

错误提醒

错误提醒1　"您最好快点，我还要招呼那边的顾客呢。"

★ 这时候需要耐心对待顾客，这是不礼貌的表现。

错误提醒2　"您看好了再试，好吗？"

★ 应该帮助顾客选择，而不是给他更大的压力。

错误提醒3 "你到底买不买呀?"

★ 不礼貌,等于是在拒绝顾客。

错误提醒4 "这几款都很不错,随便挑一个吧。"

★ 不称职,这句话对顾客没有意义,不能帮他解决任何问题。

技巧运用

技巧一 当顾客对产品挑三拣四、试来试去时,导购促销人员要特别注意观察,推测出顾客最喜欢的一款产品和比较喜欢的几款产品(一般不要太多,两到三款为宜)。

技巧二 导购促销人员可以先集中火力,重点向顾客推荐他最喜欢的那一款。

技巧三 如果不成功,可以把他比较喜欢的几款产品都做比较,列举出其优劣势,让顾客自己选择。

技巧四 如果顾客仍然犹豫不决,导购促销人员就应深层次地挖掘其需求,帮助顾客确定选择产品的标准。当然,导购促销人员也不一定必须按照这个顺序运用各种方法,而应根据实际情况(尤其是自己有没有足够多的时间)选择使用,最重要的是必须耐心对待顾客。

> ## 万能话板
>
> 先生,能告诉我您具体想买一款什么样的产品吗?比如想要哪些功能、具体做什么用等。

情景42 同一款产品试了好几次,就是不买单

情景再现

卖场里,导购促销人员引导顾客体验某产品,看得出来顾客对这款产品非常

感兴趣，他翻来覆去试了好几次，但迟迟不能决定是否购买。

行为分析

一般来说，顾客对同一款产品反复试用体验，说明他对这款产品的兴趣是非常明确了。之所以迟迟不能决定购买，可能有以下三个方面的原因，如图 4-5 所示。

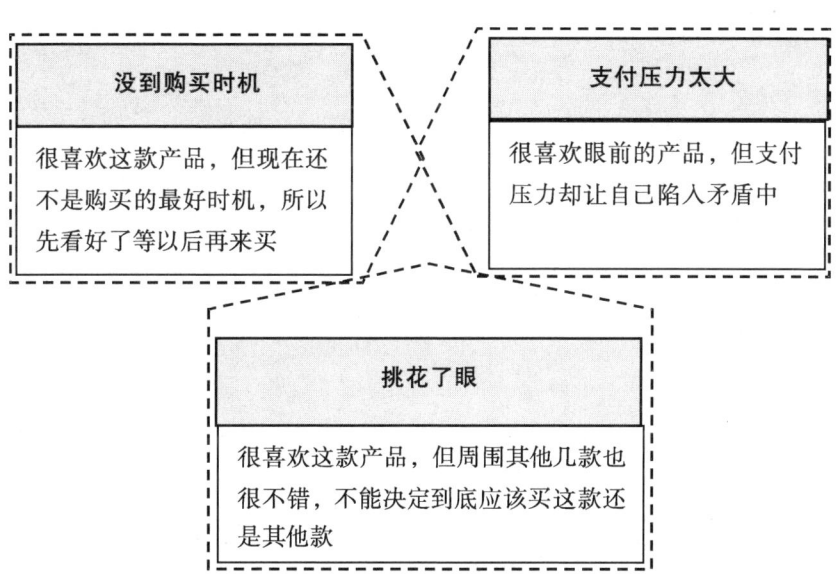

图 4-5　顾客对产品爱不释手却犹豫不决的原因

话术模板

方法一　"看得出来您非常喜欢这款产品，您的眼光非常不错，这款产品现在卖得特别好，好多地区都脱销了。"

★ 缓解顾客的支付压力，加强其购买欲望，并暗示"如果不赶快买可能就会再也买不到了"，这种说法比较适用于热销品。

方法二　"小姐，您选的这款产品非常不错，它非常适合您，能遇到自己特别喜欢的产品并不容易，您还不决定把它买下来吗？"

★ 提出成交请求，暗示顾客机会难得，这种说法比较适用于挑花了眼的顾客。

方法三 "先生，看得出来您非常喜欢这款产品，您的眼光非常好，这款产品的确很不错，可不知道您有什么顾虑，为什么不把它买下来呢？"

★ 询问顾客迟迟没有决定购买的原因，弄清楚具体原因后再区别对待。

错误提醒

错误提醒1 不理睬顾客。

★ 怠慢、冷落顾客，会让顾客有不被重视的感觉，可能会失去这次成交机会。

错误提醒2 "您还在试啊？"

★ 对顾客不礼貌，会让他觉得尴尬。

错误提醒3 "就买那个吧，你都试了那么久了，喜欢就买了呗。"

★ 让顾客的压力更大。

技巧运用

技巧一 导购促销人员要善于观察，盯住那些挑花了眼的顾客。

技巧二 导购促销人员如果不能判断出顾客迟迟不做决策的原因，就应主动询问，弄清问题后再具体应对。

技巧三 对于那些迟迟不能做出决策的顾客，导购促销人员应拿出更多的时间和他们沟通，了解他们内心的想法，缓解其压力。

万能话板

先生，看得出来您非常喜欢这款产品，您的眼光非常好，这款产品的确很不错，可不知道您有什么顾虑，为什么还不把它买下来呢？

Chapter 5

第5章

疑虑拒绝巧回应

在导购促销人员推介产品的过程中，顾客可能会不断地挑剔产品，提出各种拒绝购买的理由。但是，"嫌货才是买货人"，顾客的拒绝既是成交的障碍，也是顾客对产品有购买意向的表现。如果顾客没有购买的兴趣和动机，就不会在产品上费心思、费口舌。顾客提出拒绝的理由，说明他们期望与导购促销人员进一步沟通。

　　为了把顾客的拒绝转化为顾客购买的理由，导购促销人员要细心探究顾客拒绝的原因，了解拒绝背后的真实动机，这样才能有的放矢地应对拒绝，做出合理的产品解说，以满足顾客需求，从而达到建立信任、促进成交的目的。

第 1 节　回应顾客的拒绝

情景 43　这个不太适合

景再现

　　顾客试了一款产品，导购问顾客感觉怎么样，顾客摇摇头说："这个不太适合。"

为分析

　　顾客如果愿意对一件产品进行了解、对比和体验，却拒绝购买，一般来说是出于以下几种原因，如图 5-1 所示。

　　　1. 对产品缺乏了解：顾客对产品的性能、质量、外观、价格、服务等方面缺乏深入的了解，因此不放心做出购买决定。

　　　2. 主观的偏见或成见：顾客因为他人的评价、以往的经验或者主观的感受，对产品有了先入为主的偏见或成见，因此对购买该产品比较排斥。

　　　3. 压价策略：顾客为了在价格谈判上取得优势，或者试探产品的底价而采取的一种策略。

　　　4. 产品不符合顾客的购买标准：顾客在了解产品后，确实觉得不适合，因此不愿意购买。

图 5-1　顾客拒绝的原因

导购要通过细心观察顾客的表情、动作、语言，找出顾客对产品的真实想法，判断顾客的拒绝到底属于哪一类别，然后才能主动地、有针对性地处理顾客的拒绝。

在这个情景中，顾客以产品"不适合"作为拒绝的理由，那么是真的"不适合"还是有其他原因呢？"萝卜白菜，各有所爱"，确实没有一件产品能同时博得所有顾客的喜爱。顾客喜不喜欢一款产品是一种非常私人的感受，在表达这一感受时，顾客并不想听到导购的附和或者主观的评价，他们需要的是具有参考价值的专业意见。如果导购想让顾客顺利购买产品，就必须先问出顾客认为"不适合"的原因，然后再提出建设性的意见，从而说服顾客或者引导顾客做出选择。

术模板

导购："小姐，您觉得哪里不太合适呢？"
顾客："这个穿在身上太紧了。"

方法一 "这款衣服的特色就是修身设计，您来这边照一下镜子。看，您身材本来就很棒，穿上这件衣服，曲线就全显出来了，一般人还真穿不出这么好的效果。真想知道您是怎么保养的。"

★ 引导顾客转变观念，以请教的方式婉转地赞美顾客，并转移顾客的注意力。

方法二 "小姐，看得出来您是真心想挑一款中意的衣服，我给您提个小建议，可以吗？我观察到您比较喜欢职业装的风格，显得特别干练特别精神，但我觉得您身材这么好，除了职业装，这种修身款式的衣服也是不错的选择，既高雅大方，又完美地展现了身材，您要是穿上这件衣服上班，会让您同事又惊喜又羡慕的。"

★ 导购像专家顾问一样为顾客提供中肯的意见，运用"快乐法"，通过描述美好的使用场景和效果，让顾客觉得快乐和满足，从而打动顾客。

方法三 "您身材真不错，这一款适合一米六以下的女孩子穿，您这么高挑，穿上这款确实会有些紧，您看我给您拿个中号的好吧？"

★ 在产品确实不适合顾客的情况下，导购要适时地给顾客其他的选择。

 **错误提醒**

错误提醒1 "怎么不合适啊，这多配您啊。"

★ 主观论断，会让顾客很不满。

错误提醒 2　"那您看看这款怎么样？"

★ 不找到顾客的抗拒点，就很难找到顾客喜欢的产品。

技巧运用

"快乐法" 与 "痛苦法"

一个人之所以行动，之所以改变，动力主要源自两方面：一是追求快乐，二是逃离痛苦。顾客的消费行为也是如此，导购要说服顾客购买，最有效的两个方法如图 5-2 所示。

快乐法——让顾客觉得快乐

为顾客描述购买了产品之后会有哪些好处，会带来什么便利，会赢得别人怎样的赞赏。

比如，推荐一套高档沙发时，我们可以这样说："您想象一下，把沙发放置在窗边，有阳光的午后，您可以和老公孩子坐在软软的沙发上，泡一壶茶，为孩子读上一小段故事……"

痛苦法——让顾客觉得痛苦

描述不购买产品会有哪些不便利，会造成什么样的麻烦和问题，无限地放大这种痛苦，让顾客"逼不得已"形成购买的冲动。

比如，推荐一款美容养颜的化妆品的时候，为了刺激顾客，但又不能让顾客尴尬和不满，导购可以从自己的角度来形容："现在的女性越来越注意保养，尤其是过了三十这个坎不保养都不行，我自己都担心皮肤变老，化再浓的妆可能都挡不住，那个时候老公还有朋友们该怎么看我啊，您说是不是？"

图 5-2　"快乐法" 与 "痛苦法"

无论"快乐法"还是"痛苦法"，在运用的时候一定要注意不能盲目渲染、危言耸听，必须有理有据、符合事实，这样才能引起顾客的共鸣，达到促进购买的目的。

情景44 我做不了主

情景再现

顾客在两款产品之间犹犹豫豫，不知道选哪个好，导购——介绍后，顾客逐个试过产品，最后指着其中一款很无奈地说："我是觉得这个不错，可我爱人肯定喜欢那款，这个我还真做不了主。"

行为分析

无论是一个家庭还是一个群体，通常都有购买的主要决策者。顾客如果拒绝购买，并将理由归于没有权力决定购买，或者无权决定购买什么产品，这有可能是顾客真实情况的反映，也有可能是顾客为了获得更好的服务、更低的价格、更多的附加价值而提出的借口。导购要细心观察，综合各种信息，揣摩顾客"做不了主"的真正原因，这样才可以有针对性地应对。

话术模板

方法一 "看您说的，一看您就是个又果断又干练的人，您要买什么还不是一句话的事嘛。您这么尊重您爱人的意见，她也一定会喜欢您选择的产品的。"

★ 有针对性地夸赞顾客，让顾客不果断做出决策都不好意思。

方法二 "大姐，您一看就是操持家务的一把好手，家里事肯定是您操心得多吧。像厨具这类用品啊，说到底还是我们女人用得多，您说是不？所以您看上的肯定是实用、好用的，我相信您爱人也会赞成您的选择的！"

★ 当顾客是产品的主要使用人时，强调产品的使用效果，与顾客站在同一立场上来拉近距离。

方法三 "听您这么说就知道您跟爱人一定很恩爱。这两款产品价位差不多，这款的外观漂亮很讨人喜欢，而您看中的那款多了一个功能，就是……多了这个功能，您爱人用起来更省心了。您把那款买回去，您爱人肯定能看出您的用心，她能不喜欢吗？"

★ 重点分析强调与决策人相关的产品特点和卖点，增强顾客的购买信心。

错误提醒

错误提醒 1　"哦，那你们下次一起来看看。"

★ 消极地放过了一个很好的销售机会。

错误提醒 2　"大哥，你自己做不了主吗？"

★ 带有轻视的意味，会让顾客很尴尬、很窝火。

错误提醒 3　"很多人都比较喜欢您看中的这款啊。"

★ 顾客会想：别人都喜欢管什么用，反正我爱人不喜欢。

技巧运用

当顾客说"我做不了主""我再和××商量商量""我再想想"的时候，导购可以尝试用一下激将法，没准会收到"话半功倍"的效果。比如，对男性顾客可以说"您一看就是个有魄力的人，您做的决定，太太一定会支持的"，或者"一般购买大家电的时候，都是男士拿主意的多，因为他们对家电类往往懂得更多，相信您做的选择您太太一定没意见的"。对女性顾客可以说"您买这个回去，一定会让您老公开心的"，或者"您肯定是操持家务的一把手，您做的决定您老公肯定会支持的"等。

情景 45　我已经有一款了

情景再现

顾客打量着店里的产品，最后走到一款产品面前，仔细地看了一下价格标签，在导购一番热情介绍后，顾客忍不住试了一下产品，导购询问顾客是否中意，顾客回答道："好是好，可惜我已经有一款了。"

行为分析

顾客如果之前真的已经购买过一款，却仍然对店里的产品感兴趣，这说明顾客对产品是满意和信赖的。顾客提出"可惜我已经有一款"，与其说是在拒绝，不如说是在与自己的心理作斗争。导购要充分唤起顾客对之前购买的产品的印象和好感，然后再视情况做产品推荐。当顾客不排斥再买同一款时，导购可以为顾客提供不同颜色、不同规格的同款产品供顾客选择；当顾客不想买同一款时，导购可以推荐相似或者相近的款式，并强调新品相对于顾客之前购买的产品的先进之处。此外，促销活动也是能够打动顾客的一个好方法。

话术模板

导购："原来您是我们的老顾客，怪不得您对我们品牌这么了解。您之前买的跟这款是一样的吗？"

顾客："嗯，差不多。"

导购："您用着还满意吗？"

顾客："嗯，还可以。"

方法一　"这个系列确实非常受欢迎，很多顾客都喜欢收藏这系列里的各个款型。您现在看的这款是我们最新上市的，加入了不少新潮设计，您看这里……所以，虽然它看起来和以前我们推出的款型很像，但实际在设计和质量上是远远超越了的。您看有这么多颜色，您挑一款？"

★ 抓住顾客对品牌和产品的了解，强调产品区别于同类的优势，争取让顾客再买一款别的颜色或风格的产品。

方法二　"您用着顺心就是对我们工作的最大肯定了。您看这一类快消品总是一两个月就用完了，用完了总是要买的，过一阵买不如现在买实惠，因为新品上市，老会员这几天独享八折优惠，机会难得哦。"

★ 如果是消耗快、购买频次高的产品，导购可以跟顾客分析价格优势：既然早晚都要买，还不如抓住打折的时候买。

方法三　"怪不得您对这一款爱不释手。（顾客表示不想再买一件一样的）小姐，我看您对这一款的风格很喜欢，我们还有一款风格跟这款很相似，只是加了一些很别致的设计，您来试试看？"

★ 如果顾客表示不想再买一样的，导购可适时地推荐别的产品。

😞 错误提醒

错误提醒1　"怎么可能，我们这款产品这几天才上市的，您不可能有啊。"

★ 当面拆穿顾客，导购尽兴了，但顾客没台阶下，生意也就泡汤了。

错误提醒2 "我看您很喜欢啊，那就再买一件呗，反正不贵。"

★ 理由不充分，而且容易引起顾客不满。

错误提醒3 "您有这件啊，那您看看那边那款怎么样？"

★ 顾客如果偏偏对这款中意，其他款型就难以引起顾客的兴趣。

技巧运用

导购要记住：永远不要拆穿顾客，伤害顾客的面子。当顾客说"我已经有一款"，而导购心里却知道这款产品刚刚上市，或者导购从顾客的话语间听出顾客对产品一无所知的时候，千万不要拆穿顾客，毕竟"我已经买了"是很多顾客都可能使用的一种托词。这时候，导购反而应该信心倍增，因为顾客没有这款产品，那么他和那些已经拥有这款产品的顾客相比，购买的概率要大得多。

情景46　我等你们搞促销时再买

情景再现

新品上市了，顾客兴致勃勃地试用了一款新品，比较满意，可惜新品不能打折，于是顾客放下产品，跟导购说："不打折的话有点贵，我等你们搞促销时再来买。"

行为分析

大部分顾客都希望花更少的钱买到更多更好的商品，各个卖场越来越频繁、越来越优惠的促销活动更加催生了顾客这种"等待促销"的心理。所以，很多顾客往往会在新品上市时去挑选然后再观望，等到打折促销了再出手购买。这种"等待"一般有两种结果：一是顾客以较低价位买到心仪的新品，另一种可能是促销时顾客看好的商品卖断货了，只能遗憾地选择其他不是非常满意的产品。因此，当顾客以"等促销时再买"的理由来拒绝购买的时候，导购一方面可以强调立即购买的好处，另一方面可以突出"促销购买"的缺点，让顾客在权衡之后放弃之前的想法，进而做出购买决定。

话 术模板

方法一 "小姐，您说的有道理，促销的时候会便宜些。但您也看到了，这款产品卖得很火，现在我们很多分店都卖断货了，进货特别难，我们这里也只剩下六套了。看得出来您是真的很喜欢这款，如果错过了就太可惜了，早买不是可以早享受吗，您还是现在买比较好，您说呢？"

★ 营造紧迫感，促使顾客做出购买决定。

方法二 "小姐，看您穿着打扮的风格，就知道您是很潮流很时尚的人，我没猜错吧？新潮嘛，那就是要买最新最潮的，您把这件衣服穿出去，其他人只能羡慕和跟风，这叫走在潮流前面。如果促销时再买，大街上人人都穿上了，那就没意思了，您说是不？"

★ 激将法，抓住顾客赶潮流的心态，恭维加刺激，让顾客痛快地买下来。

方法三 "您这样想我能理解。您是个很会持家过日子的人，我跟您算笔经济账吧，您现在买的话是 150 元，还可以用五个月，每天大概也就是一块钱。我们的促销一般集中在十月份，最多打八折，那就是 120 元，但您最多也就能用两个月，那每天就要两块钱啦。这样一算，促销反而不划算，对吧？早买早享受，您说是不是这个道理？"

★ 对于精明的顾客，可以用数据来说话。同时，用上生活中的俗语，让顾客在轻松一笑中购买你的产品。

错误提醒

错误提醒 1 "现在买不是一样吗？"

★ 为什么一样？导购没有解释，自然无法说服顾客。

错误提醒 2 "我们这个新品是不搞促销的。"

★ 没有可靠证明，顾客会认为导购在骗人。

错误提醒 3 "为什么不现在买呢？"

★ 顾客会想：这个导购没听我说话，我不是说了等促销时再买嘛，还问为什么！

技 巧运用

巧用俗语，化解顾客的拒绝

俗语是生活化的语言，运用得当，既增强了说服力，又可以使导购与顾客之间的关系亲切起来。导购可以根据情况，巧妙地用顾客的家乡话、常用的俚语或者流行的笑话等。当俗语打动了顾客时，他们会在会心一笑中欣然购买。俗语的使用最好建立在导购与顾客之间已有一定认识和信任的基础上，不要随意滥用，否则会适得其反，造成尴尬。

情景47　清仓处理的产品我不买

情景再现

产品将要过季了，商场正在清仓处理，价格比平时便宜很多，导购向顾客介绍了几款，顾客回答："清仓处理的产品我不买，用着不放心。"

行为分析

卖场对于即将换季或者即将到期的产品进行清仓处理是很常见的事。一方面，卖场可以减少库存，回笼资金，保证利润；另一方面，顾客也得到了实惠，能以低于市场价的价格买到产品，买卖双方各有所得。但是，有很多顾客并不接受清仓处理这种促销行为，他们会有这样的担心：清仓处理的产品相对原价销售的产品来说，在质量和服务方面可能都会大打折扣，正所谓"便宜无好货"。面对顾客的这种质疑，导购要以可信的事实或者证据来让顾客相信：清仓处理的产品的质量和服务同样是有保证的，而且价格更优惠。这样才能消解顾客的疑虑，促使顾客选购。

话术模板

方法一　"很多顾客都和您有一样的想法，担心价格这么低的产品质量不过硬。您来比较一下这款产品和我们原价销售的产品（向顾客展示两款产品，请顾客亲身感受）。它们的材质和做工都是一样的，促销的这款产品上面还有我们之前的价牌呢，您看，是298元，比现在的价钱贵了差不多一倍，您说现在买划算不？"

★ 对顾客的想法表达认同，请顾客亲自验证产品的质量，最后用价格来说动顾客。

方法二　"您是担心产品的质量吧？这一点请您放心，您看，这是产品的检验书，我们是严格按照国家标准生产的。一般折扣这么低的商品在其他商场是很少能退换的，可是我们的产品只要发现质量问题，仍然可以退换。这样您放心了

— 107 —

吧，您看这价格多实惠啊……"

★ 如果产品有特殊的质量证明文件或者特别的服务政策，导购可以向顾客展示、说明，以打消他们的疑虑。

方法三 "大姐，您一看就是明眼人，这产品怎么样，您用手摸摸，跟其他产品比比就能感受出来，质量绝对是上乘的。您肯定会问质量这么好干吗要卖这么低的价？跟您说实话吧，这批产品我们就剩几件了，新产品又快上架了，所以才搞促销的。这么好的东西卖这么低的价位在我们店还是头一回呢，您来一件？"

★ 当产品确实有瑕疵或者存在特殊情况时，在不影响品牌信誉的情况下，可以向顾客言明，以赢得顾客的信任。

😞 错误提醒

错误提醒1 "不买您会后悔的！"

★ 硬邦邦的，像在威胁顾客。

错误提醒2 "清仓处理怎么啦，质量又不差！"

★ 顾客需要的是切实的证据来证明产品的质量。

错误提醒3 "清仓处理啦！清仓处理啦！"

★ 清仓处理的产品并不一定是劣质品，导购这样招徕顾客，会损害品牌和产品的形象。

技巧运用

导购在介绍清仓处理的产品时，要打消顾客的疑虑，必须拿出可靠的能够证明产品质量的证据，比如产品的销售数据、投诉数据、质量检验文件、获奖证明、原价价签、已购买产品的顾客的使用评价、顾客亲自体验试用的感受等。让顾客对质量问题放心之后，导购再强调一下价格的优惠，顾客会很乐意做出购买决定。

情景48 我再到其他店里看看吧

情景再现

顾客在专柜看了二十多分钟，详细询问了其中一款产品的价格、功能，还认真地试了一下。但是最后，顾客还是拿不定主意，于是对导购说："我再到其他店里看看吧，比较比较。"

行为分析

顾客经常采取一些委婉的语言来拒绝导购，比如"考虑考虑""比较比较"等。这是最让导购抓狂和犯难的状况之一。如果顾客拒绝的理由非常具体、非常明确，导购可以见招拆招，有的放矢；但是当顾客给出一个模棱两可的理由时，导购就很难抓住顾客真实的抗拒点，也就找不到突围口。这时候导购很容易产生烦躁、气愤、泄气等负面情绪，给有效应对拒绝造成困难。所以遇到这种情况，导购首先要进行自我情绪疏导，然后诚恳向顾客请教，挖掘其内在的抗拒点，再有针对性地耐心解释，如果最终顾客还是要"考虑比较"，那么导购要再次总结产品卖点，进一步加深顾客印象，争取顾客回头，最后礼貌地送别顾客。

话术模板

方法一　导购："大哥，我看您对这款产品是真的挺喜欢的，是不是我刚说错了什么呢？"

顾客："没有，没有，你介绍得很好。"

导购："那就好，您能告诉我您还不放心哪方面吗？"

顾客："我想比比价格。"

导购："这么说您觉得产品没什么问题了，只要价格实惠您就要了，是不是这样呢？"

顾客："嗯。"

导购："您放心，我们商场为了让顾客相信我们的价格是没有水分的，特别制定了一个政策，那就是您买了我们的产品，如果在其他商场看到更便宜的，我们双倍返还差价。有了这个承诺，您放心了吧？您看这款产品是您自己带走呢，还是我们送货上门？"

★ 挖掘出顾客的抗拒点，各个击破，并适时发出成交的邀请信号。

方法二　"大姐，您做事真是细心！这款产品因为打八折促销，所以卖得特别快，现在库房就剩两件了，机会很难得，要是错过了挺可惜的。您看还有没有别的问题呢？（等候顾客反映，如果顾客没有拒绝）那我帮您开单吧，您的送货地址是……"

★ 利用促销和库存量来制造紧迫感，引导顾客购买。

方法三 "先生，我理解您的想法，买东西就应该货比三家。您一定要记得选这类产品要看好两点：一要××好，二要××好。希望您选到中意的商品，当然更欢迎您随时回来！"

★ 强调产品的特点和优势，为顾客留下最后的良好印象，并欢迎顾客回头。

☹ 错误提醒

错误提醒1 "哦，慢走！"

★ 不做任何挽留，消极放弃。

错误提醒2 "一共才几十块钱的东西，便宜不了多少钱的。"

★ 会引起顾客强烈的不满。

错误提醒3 "这些产品都一样，没什么可比的。"

★ 没有突出自身产品的优势，说服不了顾客。

技 巧运用

技巧一 适时抛出"橄榄枝"

应对拒绝的最终目的还是为了消除顾客疑虑，扫除达成销售的障碍。因此，顾客每提出一次拒绝，导购进行解释后，都要尝试向顾客抛出"橄榄枝"，邀请顾客购买。这样，顾客即使提出几次甚至十几次拒绝，我们也相应地发出几次甚至十几次"成交邀请"，顾客总有一次会点头同意的。常见的"成交邀请"语言有：

"如果没有其他问题的话，我给您开单吧？"

"需要我帮您把产品包装起来吗？"

"您是要红色的还是紫色的呢？"

"您的送货地址是……"

"您看是您自己带走，还是由我们统一送货呢？"

……

技巧二 给顾客留"台阶"，给自己留"后路"

顾客坚持要"考虑考虑""比较比较"时，导购要在最后时刻再次强调产品的优势和特点，顾客即使货比三家，也会下意识地带着导购强调的这些标准去比较。最后导购要真心祝愿顾客买到满意的产品，并热情欢迎顾客回头，这既是给顾客"台阶"，也是为自己留"后路"。

情景 49　我可不想花钱买个样品

情景再现

导购为顾客详细介绍了产品之后，顾客有点动心，于是说："你给我拿一款新的我看看。"导购告知顾客现在看的这个样品就是店里的最后一件了。顾客一听就不乐意了："我可不想花钱买个样品。"

行为分析

大部分顾客在选择商品时都倾向于追求完美。他们付钱购物，自然希望买到全新的、完美的产品，这是完全可以理解的。当卖场某个产品的库存只剩下陈列的样品的时候，顾客会想，这个样品已经有很多人看过了，或许还有一些人试过了，它跟二手商品已经没什么区别了。即便这个样品是导购当着顾客的面刚刚摆出来的，顾客还是会觉得样品和新品就是有差别。这个时候让顾客花钱买样品确实非常困难。导购一定要想方设法打开顾客这个心结，消除顾客对样品的顾虑，这样才有可能达成销售。

话术模板

方法一　"小姐，这款产品卖得很火，经常卖断货，我们今天已经卖了 9 套了，您看我们店里都是卖出一套就往陈列架上新挂一套，这件也是刚刚挂上来的。您也看到了，您试之前它的外包装还没打开过呢，绝对是全新的。下一批产品到货得一周后，您刚好赶上最后一件了，赶上了可不就是缘分嘛，您看我给您包一下吧？"

★ 用事实向顾客证明样品不是旧品，打消顾客疑虑。

方法二　"大姐，您这么想很正常。这款产品质量很好，看着也漂亮，总是卖断货。您看，虽然我把它陈列在架上，可是包装都还没打开过呢。您可以仔细检查一下，如果您查出什么问题来，我可以把它免费送给您！看您是真心喜欢这款，恰好又是最后一件了，我给您打个八折，我们店可从来没给其他顾客打过折的哦，您看怎么样？"

★ 用"查出问题免费送"的方法来吸引顾客，让顾客亲自检查，最后提出一个"独享"的打折策略来说动顾客。

方法三 "先生，您的想法我理解，但我们的产品不管是样品还是新品，其质量都是有保证的。您看这样好不好：这款产品下周会新到一批货，这周您先用这款样机，等新品到货了，我给您送一款全新的过去，再把样机取回来。这样既不耽误您使用，也不会让您心里不痛快，您看行吗？"

★ 提出"先用样机，再换新机"的方案，顾客不用费精力，又能得到新品，会更容易接受导购的建议。导购要注意的是新品到货时要遵守承诺及时送货，以免引起顾客的不满和投诉。

😞 错误提醒

错误提醒 1 "您不刚看到我摆出来的吗，全新的！"

★ 顾客会坚持认为摆出来陈列的就是样品。

错误提醒 2 "反正就剩这一件了，您不要就得等下星期了。"

★ 容易激起顾客的逆反心理：我偏不买，你家没有别家还没有吗？

错误提醒 3 "样品也是好产品，质量又不打折。"

★ 话术是对的，但不够深入，不够有说服力。

技 巧运用

给顾客提供一个"独享"的服务

人或多或少都有虚荣心。如果一款产品或者一项服务只提供给少数人，甚至是只为这一位顾客提供，顾客会觉得非常有面子、非常受用。导购可以在应对顾客的拒绝时，为顾客提供一个"独享"的服务，吸引顾客做出购买决定。导购可以尝试这些语言，例如：

您可不能和您的朋友说您是以这个价格买的，不然我们以后不好做生意。

这价格真的是最低了，您看刚刚那位小姐就是这个价买的，这样吧，我再送您一套价值 88 元的赠品，您看怎么样？

您要的这款产品我们这里没货了，您稍等一下，我让同事专门去分店给您提一款过来好吗？

这种优惠以前可从没有过，也就是您这样的老顾客，店长才会特别批准的……

情景50　价位太高了，我可买不起

情 景再现

顾客对一款高档产品很有兴趣，导购认真做了介绍，顾客对产品功能和样式都挺满意的，最后，顾客问导购最低能以什么价格卖，导购报了价，顾客摇摇头说："价位太高了，我可买不起。"

行 为分析

顾客因为价格问题拒绝购买产品，这是导购销售过程中遇到的最常见的一种状况。顾客表示"价格太高买不起"一般出于以下几种心理。

1. 顾客已经有了购买打算，提出拒绝只是在等待导购对"最低价格"的确认，还有对顾客购买决定的推动。

2. 顾客认为产品的最低价格超出了自己的心理价位，对产品的价值还有疑虑。

3. 顾客习惯于讨价还价，想以"价格贵"来试探导购促销人员，看是否还有降价空间。

4. 顾客对产品有需求，但是经济方面不足以支付该产品。

5. 顾客根本无意购买产品，价格贵只是借口。

对于具备支付能力的顾客，导购要积极地消除他们的价格异议，争取达成销售；对于支付能力不足的顾客，导购不能轻视，可以通过让价或者推荐稍低价位的产品来留住顾客；对于确实无意购买的顾客，导购也要认真对待，以达到顾客回头购买或者推荐朋友购买的目的。

话 术模板

方法一　"呵呵，大哥，您跟我说笑吧，您一看就是做大事业的人，不然也不会直接点名要看这款产品，对吧？您要是买不起，那可就没人买得起啦！黑色、白色、银色，您要哪种颜色的呢？"

★ 轻巧地以赞美和恭维来化解顾客的异议，试探着向顾客传递购买信号。

方法二　"先生，我看您对这类产品很熟悉，您肯定也知道，有这个高档机型的只有我们 A 品牌、B 品牌和 C 品牌，我们的主要零件都从×国进口，质量精良，价格却比 B、C 要低 300 元，您说我们价格太高，那我们可真比窦娥还冤啦！"

★ 横向比较，强调自己产品区别于同类的品质优势和价格优势，适当加点小幽默，让顾客笑起来，气氛融洽了，成交也就容易了。

方法三 "小姐，您可以看一下我们商场统一的价格牌，上面还有原价呢，××元，比现在的价格高出 600 多呢。现在是过节，商场统一打折，等节日一过，价格就又调回去了，那时候就不划算了。机会难得，您买了不会后悔的。您挑个什么颜色的？"

★ 纵向比较，与不同时期的价格做对比，并强调活动时间限制，吸引顾客抓住时机购买。

方法四 导购："小姐，如果让您每天花上不到两块钱，就能天天漂漂亮亮、皮肤越养越好，您还觉得贵吗？"

顾客："一天不到两块钱？"

导购："对啊，我们的这一套产品最低价是 650 元，可以用一年，那可不就是每天两块钱都不到吗？女孩子嘛，就要显得漂漂亮亮的，您说是不是？"

★ 分解价格，给顾客算经济账。

方法五 "您说这款贵，我能够理解。您是个准妈妈，所以我跟您说句心里话，我觉得您选择家电啊，最关心的不应该是价格，也不是五花八门的新奇功能，而是安全，一定要选辐射尽可能小的，这样妈妈健康宝宝也健康。我们的这款机型就是完全按照国际最严格的标准制造的，这个双层防辐射屏是我们这款产品独有的。安全健康是第一位的，所以这款产品一点也不贵，物有所值啊，您说对吧？"

★ 结合顾客的实际情况与需求，重点强调产品的核心卖点，恰当地运用"痛苦法"，直击顾客的软肋，刺激顾客购买。

方法六 "先生，您觉得这款贵没关系，刚跟您聊的时候，我感觉到您比较看重的是这两个功能，一是……另一个是……还有一点就是产品看着要大气、要高档，您看是这样的吗？（顾客肯定了导购的话）这样的话，您看看这款怎么样，它具有您要求的功能，而且采用了××材料，一看就特别上档次，也是我们的高档产品，很多特别务实的大顾客都点名买它呢，价格要比您之前看的那款低 800 元。您来试试……"

★ 顾客确实支付不起时，导购可以推荐价位低一些的产品，但是同样要强调产品的档次和品位，让顾客既不失面子，又能买得起。

😞 错误提醒

错误提醒 1 "是吗，那您看看那边那款，很便宜的。"

★ 顾客会觉得导购推荐便宜货是看不起人。

错误提醒 2 "（小声嘀咕）买不起还试!"

★ 不礼貌，而且极易挑起争吵。

错误提醒 3 "功能这么全，贵是有理由的!"

★ 理由不充足，说服力不强。

技 巧运用

当顾客对高价位比较敏感而下不了购买决心时，导购可以采取如图 5-3 所示的方法来应对。

平摊价格法	将价格平摊，给顾客算经济账，让顾客的注意力由"大价格"转移到"小价格"
比较法	将产品与同类产品做横向比较，突出质和价的双重优势；将产品各个阶段的价格做纵向比较，让顾客意识到现在的价格是最低的
重复产品价值与卖点	将产品的核心优势以及产品对顾客的价值变换方法重复讲解，可以运用"快乐法"和"痛苦法"来加深顾客的印象
转移法	顾客确实承受不了高价位，导购应推荐其他产品，一定要渲染所推荐产品的优势，让顾客觉得产品档次没降，但是价格降了，从而欣然接受

图 5-3 如何处理顾客的价格异议

情景51　可买可不买的，过段时间再说吧

情 景再现

　　顾客将一款产品拿起又放下，放下又拿起，最后还是说："可买可不买的，过段时间再说吧。"

行 为分析

　　顾客很多时候购买的并不是生活必需品，而是能够改善和提高生活质量的商品。对顾客来说，这些产品可能不经常用或不急着用，或者是可用可不用，买不买它对于生活并不会有太大影响。但是顾客既然感兴趣，那么这类商品对顾客就具有吸引力，只是吸引力还不够强烈。顾客以"可买可不买"作为拒绝的理由，就是怕买了却用不上，浪费钱浪费精力。要想让顾客下定决心购买，导购促销人员就要想办法增强顾客对产品需求的迫切性，客观、理性地向顾客分析产品与他们之间的关系，使他们产生马上购买的想法。

话 术模板

　　方法一　"大姐，很多顾客都有您这样的想法。普通灯是灯，节能灯也是灯，都能照明，不都一样吗？我给您比较一下两种灯的效果您就明白了。看，5瓦的节能灯亮度比得上25瓦的普通灯，可电费只有普通灯的1/5，这样每个月可以给家里省多少钱啊？更重要的是，节能灯能保护视力，这对孩子们可是很有用的。您说是不是？"

　　★ 让顾客看到效果，给他们算清经济账，抓住顾客的兴趣点进行说服。

　　方法二　"一看大姐就是很会过日子的人。确实，现在挣钱不容易，买东西是要想清楚。我们这款产品不像油盐酱醋缺了不行，但是它给您带来的是美丽啊。您看现在人都忙着上班、忙着照顾孩子，哪有时间照顾自己啊。用我们这款产品，每天您只需要花十分钟，就能让皮肤得到滋润，每天光彩照人的，这样过日子才有意思，您说呢？"

　　★ 充分运用同理心，认同顾客的想法，再从顾客的需求出发，强调产品能带

给顾客的价值，让顾客心动。

方法三 "先生，像您这样的白领，衬衣是永远不嫌多的。每天换一个风格，每天都能有全新的好心情呀。我们××品牌的质量，您这样的老顾客肯定是了解的。现在又正好在举行'买一赠一'的活动，您可以选两件款式不同的，只需要花一件衣服的钱，多好的机会啊，您看您比较喜欢哪两件呢？"

★ 以促销活动来吸引顾客。

😦 错误提醒

错误提醒 1 "现在买有赠品啊，以后可就没有啦。"

★ 赠品对顾客有足够的吸引力吗？

错误提醒 2 "这个对您还是有点用的。"

★ 不够自信，也不具备说服力。

错误提醒 3 "价钱又不贵，既然可买可不买，那还不如买下来呢。"

★ 主观地为顾客做决定，难以赢得顾客的共鸣与认同。

技 巧运用

导购要争取这类"可买可不买"的顾客，必须完全地转换立场，站在顾客的角度来帮助他们分析问题，这样既能在情感上赢得顾客的信任，又能让分析出来的结果更容易为顾客所接受。

情景52 反季促销的产品现在买了又用不上

情 景再现

卖场内正在销售一批反季促销的产品，顾客对产品很感兴趣，详细地向导购了解了价格、材质、功能等细节，最后想了半天，还是说："反季促销的产品现在买了又用不上，还是等到了季节再买吧。"

行 为分析

顾客之所以决定购买产品，是因为产品的某些价值能够满足自己的需求。反季促销的产品不能立刻投入使用，价值不能立刻体现，那么顾客的需求也就得不到满足，他们的购买意愿自然会大大降低。导购要理解顾客的这种心理，并尝试从两个方面来激发顾客的购买欲望：一是反季促销价格实惠，二是反季促销的产品质量一样有保证。

话 术模板

方法一 "您说得对，现在买了是要过两个月才能用得上，可是您如果过两个月来买，那可要多花六七百块钱呢。您也知道，我们的产品是很少打折的，现在这个价格真的非常划算。至于质量您可以放心，这款产品今年还为我们挣回一个"质量金奖"呢。两个月说长也不长，您说是吧？"

★ 为顾客算明经济账，保证质量，给顾客一颗"定心丸"，以质优价廉来吸引顾客。

方法二 "现在很多厂家是一年四季都在推好产品，所以淡季、旺季已经没有多大的区别了，只是像现在这样打六折促销的情况是真的很少见的。拿您看中的这款产品来说吧，打折后能便宜六七百呢。这是我们的经典机型，质量是非常可靠的。很多顾客都是趁这时机买的。您看我们的库存单，原来有 100 多，现在就剩 5 台了，您来一款？"

★ 扰乱、重组顾客对于"淡季""旺季"的概念，利用从众心理和切实的销售数据来增强顾客的紧迫感。

错误提醒

错误提醒 1 "早买是买，晚买不也是买吗？"

★ 顾客会想：我就要晚买，偏不早买！

错误提醒 2 "反季嘛，图个便宜啊！"

★ 导购将顾客看成专贪小便宜的人，顾客会不高兴。

错误提醒 3 "还是现在买吧，旺季就贵啦！"

★ 顾客的疑虑没有消除，不会被吸引住。

技 巧运用

扰乱、重组顾客的消费观念

当顾客对产品或品牌存在不正确的消费观念的时候，导购可以用事实和自己的专业知识来扰乱并重组顾客的消费观念。

例如，顾客喜欢挑功能越多越好、花样越多越好的产品，导购可以与顾客这样交流：功能多并不一定实用、好用，有一些功能以后不一定会用几次，这是在扰乱顾客的思路；然后导购可以对顾客看重的同时也是产品最核心的功能进行重点说明，建议顾客"花钱花在刀刃上"，这就是对顾客原有想法的一个重组。

使用这种方法时，导购需要注意的是：口气不要强硬，要像顾问或者朋友一样与顾客一起分析，帮他建立正确的消费理念，不要让顾客觉得你是在教训他或者说教。

情景 53　我朋友也买了，大家都买一样的没意思

情 景再现

顾客比较了好几款产品，最后选中了一款试了一下，感觉不错，导购试探着问顾客是否想买，顾客回答："我是比较中意，但我朋友也买了，大家都买一样的没意思。"

行 为分析

求新、求异、追求个性化，这是很大一部分顾客的购买心理。他们希望自己购买的产品是独特的、与众不同的，不愿意与别人使用同样的产品。虽然有时候产品各个方面都相当不错，但顾客还是有可能为了避免与亲朋好友或者其他消费者使用同样的产品而拒绝购买。

面对这类型的拒绝，导购可以分情况采取不同的处理方法。第一，如果顾客非常喜欢这款产品，而且这类型的产品在市场上又有着统一的或相近的标准和规格，比如电器类产品，那么导购可以利用顾客朋友使用产品的情况和满意度来加深顾客对产品质量与服务的信心，从而促成购买行为；第二，如果顾客看中的产品属于个性化、潮流化的类别，比如服装，那么导购最好不要建议顾客买同款产品，而是推荐相近风格、相似款式或者其他颜色的产品，因为顾客即使在你的劝说下买了该产品，但日后用起来觉得不够个性，可能会后悔并埋怨导购。

话术模板

方法一 "这真是太巧了，您朋友用我们这款产品还满意吗？（顾客给予了肯定回答）您看，我之前说我们产品质量过硬没骗您吧。这是我们的经典款型，因此买这款的顾客也多，这么多人都在用，您大可以放心质量了。现在快过节了，这个型号我们推出了一款红色的，比起您朋友购买的那款添了很多喜气，您跟我来看看？"

★ 利用顾客朋友对产品的满意来证明产品的质量，再推荐一款相对更有特色的产品，让顾客有一种高于他（她）朋友的优越感，从而打动顾客。

方法二 "是吗？那真是太好啦。难怪刚才您说起这产品的时候那么内行。您不想跟朋友买一样的东西，这个我理解。我看您很喜欢这个款型，我们还有一款和这个风格很像，但是更时尚，您朋友看了都会羡慕的。您稍等，我拿给您试试，相信您肯定也会喜欢的！"

★ 顾客明显排斥同款产品的时候，导购要迅速推荐相近的产品，并给顾客一个"您肯定会更喜欢"的心理暗示。

错误提醒

错误提醒1 "您朋友都买了，说明我们产品好啊，您也买呗。"

★ 顾客会觉得导购一点也不关心自己的感受。

错误提醒2 "同样的东西不同的人用还是不一样的，您用起来没准比您朋友好呢。"

★ 不要有意无意地攻击顾客或者顾客的朋友。

错误提醒3 "那您看看别的吧。"

★ 消极被动，丢失了销售机会。

技巧运用

巧用心理暗示，增强顾客的购买信心

心理暗示是用含蓄、间接的方式，对顾客的心理和行为产生影响，往往会使顾客不自觉地按照一定的方式行动，或者无意识地接受一定的意见或观念。当顾客犹豫不决、拒绝马上购买的时候，导购可以巧妙地运用一些心理暗示，打消顾客的疑虑，促使顾客做出购买的决定。心理暗示主要有三种方法。

心理暗示方法

直接暗示：把产品对顾客的价值讲清楚、讲明白、讲透彻，最好将核心的卖点提炼为简单的一两句话，在交流过程中重复地提出来，给顾客留下深刻印象，使顾客无形中记住并接受。

比如：买洗衣机一定要买杀菌功能强的；这款产品有独特的自动录播功能；您肯定会喜欢这款产品的；我们的这款产品是市场上价格最低的；这次的促销幅度是今年最大的……

间接暗示：把顾客对产品的疑虑通过第三方进行潜意识的暗示。

比如：相信您女朋友一定会喜欢您选的这款产品的；您要是穿上这件礼服，肯定会被晚会上其他女孩羡慕的；我们这款产品是市场上最高档的，××公司的老总还指定要了这款呢；您放心吧，这是我们今年拿的"质量金奖"，这么多同类产品只有我们这款拿到了这个奖……

反暗示：采取"欲擒故纵"的方法，刺激顾客，让顾客"冲动"起来，从而达成购买。

比如：对一位完全有支付能力但是仍然对价格有点犹豫的顾客，可以说"我们这款产品很高档，所以价格确实让一般人接受不了，对您来说当然不成问题啦"；对追求时尚想买新品却又在乎价格的顾客，可以说"您这样新潮的人，永远都是走在潮流前面的，等价格降了，人人都买了，那您再买也就没意思了"；"您不想让您老公眼前一亮吗……"

情景54　我送朋友的，下次我们一起来看看再决定吧

情景再现

导购促销人员根据顾客的要求推荐了几款产品，顾客对其中一款很是喜欢，看了又看，爱不释手。导购试探着问顾客是不是买下来，顾客犹豫了一下说："我是想买来送给朋友的，下次我们一起来看看再决定吧。"

行为分析

　　顾客提出"与朋友一起来看再决定"，拒绝马上购买，就是不确信朋友是否会喜欢这款产品。面对这种状况，导购不能轻易放走机会，被动地等待顾客和朋友的"再次光临"，而是要尽可能多地了解关于顾客朋友的信息，以此为基础，重点讲述产品符合顾客朋友需求的卖点和优势，给顾客充足的信心。如果卖场内有完善的退换货服务，导购也可以用这种政策来为顾客免除后顾之忧，促使交易达成。

话术模板

　　方法一　导购："先生，看您刚才挑选得这么细心，您这位朋友对您肯定很重要吧？"

　　顾客："呵呵，我女朋友。"

　　导购："哦，怪不得您这么用心挑。您女朋友是什么性格的呢？"

　　顾客："文文静静的。"

　　导购："这样啊，那您选中的这款围巾是很合适的，您看，这上面是很古典的南方刺绣，面料轻柔暖和，您女朋友戴上这个，不仅漂亮，而且这刺绣还会让她有家乡的感觉呢，她一定会喜欢的。我给您拿一条新的？"

　　★ 亲切自然地询问顾客朋友的信息，不要给人留下打探隐私的感觉，根据掌握的信息推荐产品，打动顾客。

　　方法二　导购："大姐，原来您是为朋友买啊，您看我之前也没问清楚，还以为是您自己用呢。看您挑的家居产品，您朋友是新婚吧？"

　　顾客："我一个好朋友结婚，我想送她一套床上用品。"

　　导购："是这样啊，那您选的这套很不错。您看，这被套上虽然是传统的鸳鸯图案，但是设计得清新脱俗，看着就显得高贵独特，大红颜色也是新人们永远不过时的喜庆色彩。我送您一个高档礼盒吧，保准您朋友喜欢您送的礼品。我给您包起来？"

　　★ 结合顾客朋友的需求来讲产品卖点，通过一些赠品或增值方式吸引顾客。

　　方法三　"先生，您是不是担心您选的产品买回去之后，您朋友不喜欢呢？这个您不用担心，我们商场有一项政策，只要产品没有损坏，七天内可以退换的。您看您选的这款产品不论是款式还是质量都是一流的，想想看，您朋友收到了该多么高兴啊。如果她和您一起来选，她就知道您的打算啦，还不如给她一个大大的惊喜呢，您看怎么样？"

　　★ 给顾客"可以退换"的保证，让顾客放心，再建议顾客给朋友一个"惊喜"，赢得顾客认可。

错误提醒

错误提醒 1　　"也行，那你们下次一块来选吧。"

★ 顾客离开了你的柜台就有千万种可能性，可能不买了，还可能成为竞品的顾客。

错误提醒 2　　"这个送人很好的，别犹豫了。"

★ 一味地鼓动顾客，却没有充足的理由。

错误提醒 3　　"这是送男朋友的吧？"

★ 问得太直白，顾客会觉得你在打探隐私。

技巧运用

当导购向顾客介绍了产品的卖点与优势，说明了退换货的保障政策后，如果顾客还是拿不定主意，导购可以跟顾客分析最后一点：送礼物送的不仅仅是物品，更重要的是送一种惊喜，让收礼物的人得到意外的欢喜，这样送礼物才更有价值。所以为朋友选礼物就应该"偷偷"地置办，而不应带着朋友一块儿选、一块儿做决定。导购这样说明之后，顾客会认同导购的意见，从而做出购买决定。

情景 55　顾客对某款产品感兴趣，但被闲逛的顾客否定了

情景再现

顾客正跟导购讨论着一款产品，旁边一位闲逛的客人恰好路过，指着产品对顾客说：

（1）"千万别买这款产品，可不好用了！"

（2）"这个前几天不是卖 2 800 嘛，怎么现在要 2 999 啊？"

（3）"这款衣服穿着不舒服，还不怎么好看。"

于是，顾客迟疑了一会，摇摇头，不打算买了……

行为分析

顾客相互之间交流自己对产品的评价是正常现象，积极的评价会对交易的达

成起到很大的促进作用，而负面的评价则会给交易制造很大的障碍。同为消费者，顾客在路人的评价与导购的介绍之间往往更偏重前者。因此，旁人一句话可以很轻易地毁掉一桩生意。优秀的导购在这种情况下，不会消极回避，也不会言辞激烈地争辩，而是首先调整心态，挖掘闲逛顾客对产品不满的原因所在，再巧妙地化解反对意见，达成销售，甚至将产品销售给原来持反对意见的闲逛顾客。

话术模板

（1）闲逛顾客："千万别买这款产品，可不好用了！"

说法一 "（对闲逛顾客）这位先生，您好，看来您是我们的老用户了，谢谢您给我们提出问题，能告诉我您对产品哪方面不太满意吗？"

"（如果是顾客使用不当导致的）先生，很抱歉，这主要是我们的错，当时您买产品的时候我们一定没有把使用方法讲清楚，您看，您应该这样操作一下，就不会出现您说的问题了，您试试……"

"（如果确实是质量出现问题）先生，我想您买的产品用了两年，现在应该是出问题了。您记下这个号码，这是我们的 24 小时客服电话，维修工程师会在接到您电话后给您提供上门维修服务的。您放心，我们的产品都有完善的售后服务。很抱歉给您造成不便！"

★ 先缓和尴尬气氛，再了解其不满的真实原因，在化解不满时恰当穿插产品介绍和售后服务介绍，给顾客留下专业负责的好印象。

（2）闲逛顾客："这个前几天不是卖 2 800 嘛，怎么现在要 2 999 啊？"

说法二 "（对闲逛顾客）先生，看来您经常来我们店了，您记性真好，前几天我们确实有款产品以 2 800 的特价卖，您说的是那边的那款，您看是吗？这是我们今天新上架的产品，跟那款很像，但是多了三个功能，在其他店都卖 3 200 多，我们店今天促销所以卖 2 999 元。（对闲逛客人和顾客）您二位来体验一下新功能吧……"

★ 闲逛顾客能记住价格表明其对产品的关注，可以引导闲逛顾客与顾客一起来体验，增加销售机会。

（3）闲逛顾客："这款衣服穿着不舒服，还不怎么好看。"

说法三 "（对闲逛顾客）小姐，谢谢您这么坦诚地说出意见。其实每个人的审美观都不一样，对服装也都有不同的理解，您说对吧？请问您今天主要想看点什么呢？（快速处理，支开闲逛顾客后微笑转向顾客）小姐，其实衣服就像鞋子，穿在脚上舒不舒服只有自己最清楚。这件衣服是市场上少见的立领设计，只有您这样身材高挑的人才能穿出味道来。我做服装六年了，我们这个店在这里也经营了三年，我可以负责任地说，这件衣服无论是设计还是材质都很适合您。您觉得呢?"

★ 礼貌地引开闲逛顾客，再通过顾客体验以及导购促销人员的专业建议来淡化闲逛顾客话语的影响。

😞 错误提醒

错误提醒 1 ……（沉默）

★ 导购沉默会让顾客坚信闲逛顾客的话，认定产品不好，当然就不可能达成销售了。

错误提醒 2 "别管人家说啥，您用着好就行!"

★ 顾客会认为导购在掩盖事实，从而产生疑虑，而这种疑虑很难消除。

错误提醒 3 "你别乱说好不好，不懂装懂!"

★ 得罪闲逛顾客，同时顾客会觉得导购心虚，产品可能确实有问题。

技巧运用

导购需要明确一点：能提意见的顾客是好顾客。能提意见说明顾客对产品有所了解或者使用过，而且，会提出意见的顾客即使不满意，也还是对产品或者品牌抱有希望。因此导购要调整好心态，专业机智地化解问题，解决了闲逛顾客的问题，销售就达成了一半。

第 2 节　回应顾客的疑虑

情景 56　便宜没好货

情景再现

卖场举行佳节促销活动，到处标示着诱人的折扣和优惠的价格，吸引了大批顾客驻足挑选,导购促销人员忙得不亦乐乎。一名顾客在现场对几款产品进行详细了解后,低声嘀咕着:"便宜没好货!"

行 为分析

"一分价钱一分货",这是长久以来人们形成的一种消费观念。然而"便宜没好货"也不是绝对的,物美价廉或者卖场搞促销时的优惠,并不就说明产品不是"好货"。顾客在卖场中看到促销信息,说出"便宜没好货"的话语,不外乎以下三种情况,如图 5-4 所示。

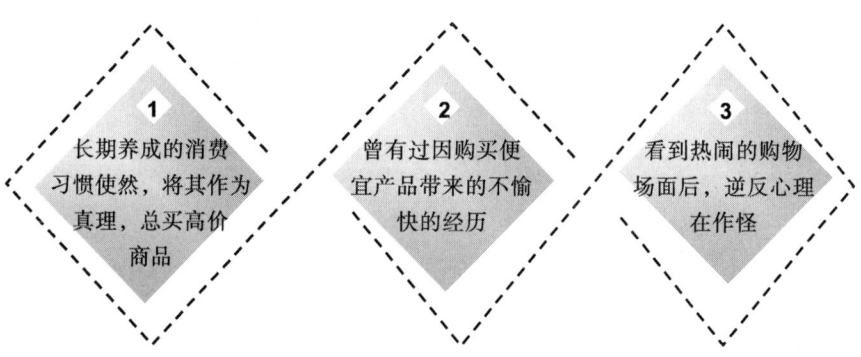

图 5-4 顾客为什么说"便宜没好货"

话 术模板

方法 "您说得有一定道理。今天是节前搞活动,三天后所有的产品都会恢复原价。您可真有眼光,您看的这款产品卖得特火……(产品介绍)"

★ 首先肯定顾客的意见,消除顾客的抵制情绪,然后详细解释促销活动的缘由和持续时间,以及活动后的产品价格安排,最后用产品介绍引导顾客认识到该产品是物美价廉。

错误提醒

错误提醒 1 "您说这话就太绝对了吧!"

★ 理儿是这个理,就是语气太生硬,没有亲和力。要知道顾客不是来和你谈哲学的,更不需要你板起面孔教训他。

错误提醒 2 "好货贵,你买得起吗?"

★ 态度极其恶劣，有伤顾客自尊心。

错误提醒 3　"便宜的也有好东西，不还有话叫物美价廉嘛！"

★ 论据很牵强，解释不充分。

错误提醒 4　"我们这都是新产品！"

★ 答非所问，顾客疑虑难消。

技巧运用

技巧一　促销活动中，顾客一般不清楚产品在活动后的价格安排，这就导致其对低价产品产生抵制情绪。所以，促销人员首先要将这些信息传达出去，化解顾客对产品的误会。

技巧二　理性的消费者在购买产品时，会更多地考虑产品的性价比，导购促销人员在这方面也可大做文章。

万能话板

您说的有一定道理。

这次活动结束后，所有产品马上恢复原价。

您看这产品……（性能介绍）才卖××块钱，性价比多高啊！

情景 57　可不可以再便宜些

情景再现

顾客在仔细了解某产品的有关情况后，眼睛流露出渴望的神色，看了下价格标签后脱口而出："可不可以再便宜些？"

行为分析

价格是一个很敏感的问题，谁都希望花少量的钱购得自己喜欢的产品。可是，不管价格高低，或者是否符合顾客的心理预期，顾客都会砍价。从心理层面来讲，砍价的原因或目的如图5-5所示。

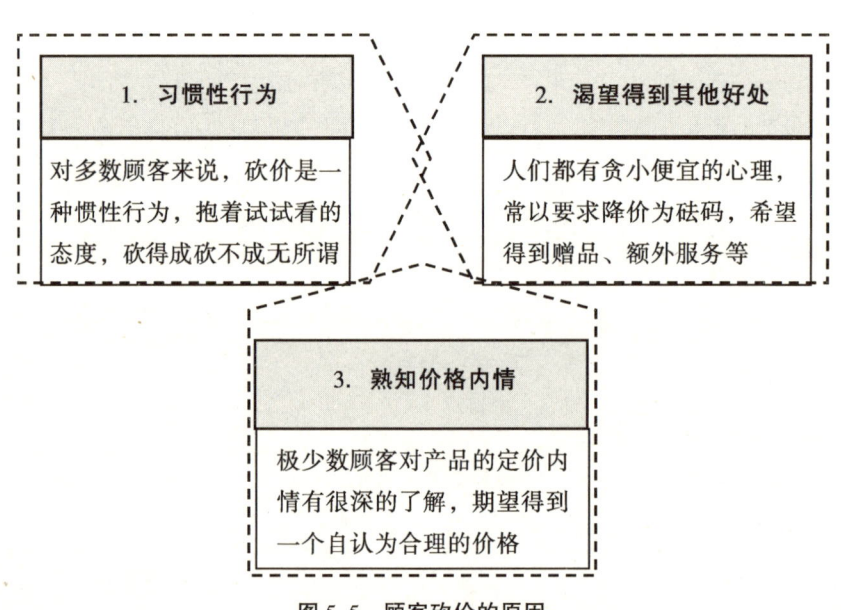

图5-5 顾客砍价的原因

话术模板

方法一 "我也希望能帮到您，可我们一直奉行低价策略，每一件产品的定价都是公道的，很少打折或搞活动，即使是商场促销，我们也很少参加。您看这……（列举材质、款式、性能、售后服务等）可以说是物超所值啊。"

★ 引导顾客认识到产品的价值所在，也就解决了顾客的价格异议。

方法二 "您是老顾客了，了解我们的产品价格，实在不能再降了，请您理解。这样吧，我赠您一个小礼品，感谢您这么长时间对我们的支持！"

★ 给顾客以赠品，满足其"占小便宜"的心理，他们对价格也就不那么敏感了。

方法三

导购："先生，现在正在搞活动，这个价格已经很低了。"

顾客："呵呵，我就是做这类产品推广的。"

导购："哦，原来是行家，那您一定对我们的产品很了解了，价格是不是比其他品牌要便宜些？而且，我们还提供免费上门安装服务，这可是其他品牌没有的。"

★ 顾客对产品定价比较熟悉，导购促销人员利用所能提供的服务上的差异性，消除顾客的疑问。

方法四　"我也希望能给您再便宜些，可这价格已经是我能给的最低价了，要不我请示下我们经理看能不能给您些优惠？请您稍等一会儿！（当场给经理打电话沟通）"

★ 当导购促销人员实在做不了主时，可以请示上级，无论结果如何，都要表现出真诚，以有效化解顾客的异议。

😞错误提醒

错误提醒1　"能便宜的话，我早卖给你了！"

★ 暗示顾客不要心存幻想，语气生硬，不友好。

错误提醒2　"这已经是最低价了，不能再便宜了。"

★ 过于直接的拒绝，堵死了商量的余地。

错误提醒3　"我也想给你便宜些，可价格是公司规定的。"

★ 拿公司规定做挡箭牌，自己解脱了，却使公司显得没有人情味，使其形象受损。

技巧运用

技巧一　对待顾客的降价要求，切不可一棍子打死，这样不但不能解决顾客的疑虑，反而会影响以后的成交。

技巧二　最根本的就是让顾客认识到产品的价值，可采用列举优点、价格拆分等凸显产品的性价比。另外适度给顾客一些赠品，表现出导购促销人员的真诚，也有利于消除顾客的疑虑。

万能话板

我也希望能帮到您。

我们的价格已经是很低的了，这款产品的品质……（列举优点）我们还能提供……（售后服务）价格实在不能再降了，要不我给您申请个赠品，您看怎么样？

情景58 我有些担心质量问题

情景再现

卖场内，一位顾客对某产品的价格、外观、功能设计等各方面都比较满意，但还是迟迟不肯购买，并对导购促销人员说："我还是有些担心质量问题……"

行为分析

顾客购买产品，多数看中的是产品的使用价值，而一件有质量问题的产品是无法满足顾客的这种需求的。纵然产品在其他各方面都能满足顾客的要求，最后顾客还是会仔细斟酌产品的质量问题。只有当顾客对产品质量有信心时，他才会做出购买决策。

一般说来，顾客质疑产品质量主要出于图5-6所示的三个原因。

> 1. 顾客对产品不了解，只能得到关于外观、价格、功能设计等一眼就能看到的产品信息，而质量是无法用肉眼观察的

> 2. 顾客希望得到售后服务的相关保证，以解决后顾之忧

> 3. 顾客是怀疑论者，对一切持怀疑态度

图5-6 顾客质疑产品质量的原因

话 术模板

方法一　"先生，您这样想是有道理的，谁也不愿意花钱买一个质量不合格的产品回去，您说是吧？不过我们的产品是老牌子了，我在这儿也工作三年了，还没接到过一次因质量问题产生的投诉。您买回去放心用，只要按照说明书上的方法正确操作，是不会有问题的。"

★ 认同顾客担忧的合理性，吸引顾客听下去，再用产品良好的市场表现来打消顾客疑虑。

方法二　"您的担心是有一定道理的。不过您放心，产品都是合格产品，您看这标识（手指产品合格标识给顾客看），您就踏踏实实地用。况且，产品还有三年质保，如果您在使用过程中出现问题，随时都可以打我们的客服电话，我们免费上门维修。"

★ 礼貌回应顾客的疑惑，给予充分的售后服务保证，增强顾客购买产品的信心。

错误提醒

错误提醒 1　"您放心，绝对不会出问题的。"
★ 无依据，表述过于绝对。
错误提醒 2　"我们的产品可是通过国际质量认证的国家免检产品。"
★ 暗示顾客见识少，对顾客不尊重。
错误提醒 3　"我们的产品是名牌，很多人都在用呢。"
★ 没有正面回答顾客疑问，无法释疑。

技 巧运用

技巧一　在应答顾客时，导购促销人员态度上要自信坦然、不卑不亢，既不能因为产品名气大而盲目自信，也无需因为产品名气小而自卑。言语上，切忌出现"一定""肯定""100％"等太过绝对的说法，这容易引起顾客的抵御情绪，加深其对产品质量的怀疑。

技巧二　首先肯定顾客的担忧，再摆事实，利用诸如权威的质量控制和质量认证、优越的售后服务、良好的顾客反馈等消除顾客的疑虑。

万能话板

您的担心不是没有道理的。

我们产品的质量是有保证的……（质量方面认证）

我们的售后服务可以解决您的后顾之忧……（详述售后服务）

情景 59   国产货总是让人担心

情景再现

顾客在听完导购促销人员对产品的详细介绍之后，体验了产品。在翻看产品说明时，将目光投向企业介绍章节，不无遗憾地说："国产货总是有些让人担心……"

行为分析

顾客会来体验产品，说明他是有兴趣购买的，对国产货的担忧可能出于图 5-7 所示的三个原因。

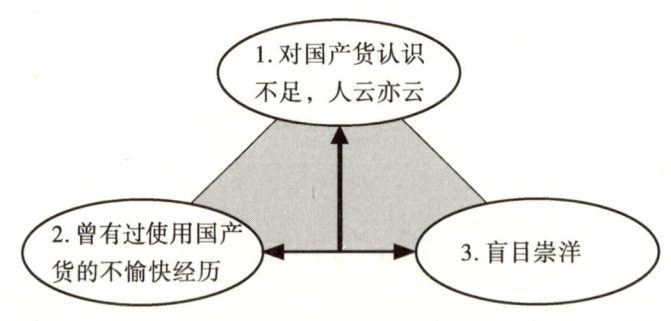

图 5-7   顾客不信任国产货的原因

话术模板

　　方法一　　"以前某些国产货确实存在质量问题，用起来让人担心。可现在不一样了，就拿您看的这款来说吧……（细述优于国外品牌的地方）这么好的产品，您还有什么好担忧的呢？"

★ 正面应对顾客质疑，有礼；对比以前和现在，有理；细述国货优于国外品牌的地方，有据。

方法二

导购促销人员："您以前一定用过什么让您伤心的国产货吧？"

顾客："是啊。"

导购促销人员："我理解，我也有过这种经历。不过现在您不用担心这个了，我们是国家免检名牌，产品的每一道工序都是经过严格检验测试的。就拿您刚才看的这款产品来说吧，从原料到产品装配出厂，每一环节都有专门的质保人员把关……"

★ 运用同理心，拉近与顾客的距离，重点说明质量牢靠。

方法三 "这您就没必要担心了，现在很多国产品牌都畅销海外，外国人也爱用'Made in China'（中国制造）的产品呢。同时，国产货性价比比较高，就拿您手里拿的这款产品来说吧……（功能亮点）"

★ 摆事实，讲道理，以理服人。

😟 错误提醒

错误提醒 1 ……（沉默）

★ 沉默是一种消极反应，会让顾客认定自己的担忧是正确的，会加大达成销售的难度。

★ 小声嘀咕最易导致顾客的误会，从而引起纠纷。

错误提醒 2 "国产货质量好着呢，还便宜。"

★ 空洞，有轻视顾客之嫌。

错误提醒 3 "都什么年代了，还崇洋媚外！"

★ 对顾客进行人格攻击，绝对不可取。

技 巧运用

技巧一 面对顾客怀疑国产品牌的言行，导购促销人员要稳定自己的情绪，不可失态，时刻保持积极的心态与顾客交流，以免造成顾客流失。

技巧二 对待顾客的这种非理性言语，导购促销人员要动之以情，激发其民族自信心，支持国货；还要晓之以理，摆事实、讲道理，让其认识到自己的疑虑是一种偏见，加深对国产品牌的印象和信赖。

万能话板

您多虑了，现在国产品牌的质量是有保证的，而且我们产品卖到了很多国家呢。您看这款产品的性能……

情景60 这种材质会不会对身体有害

情 景再现

卖场内，一名顾客被某产品深深地吸引住了，爱惜地抚摸着。该顾客与导购促销人员一番交流后，突然问导购促销人员："这种材质会不会对身体有害？"

行 为分析

随着科技的发展，各种材料不断涌现，产品种类日益丰富，极大满足了人们的多样化需求。然而，一方面人们对各种材料的认识不足，另一方面少数不道德的厂家确实会利用有害材质生产产品，这些都使得人们会对产品的材质存有疑虑。

话 术模板

方法一 "您多虑了，我们是正规厂家，这儿还有绿色环保标志呢，对人体没有危害，您就放心使用吧！"

★ 产品的资质认证有利于消除顾客的疑虑。

方法二 "您可能是误会了，把这种材质当成一般的××了。××的确对人体有害，现在国际上都禁用了。这款产品是新型材质，不会有……之类的副作用。您看，这是国家环保部门的产品认证（取出资质证书）。"

★ 对不了解材质知识的顾客，适当给予"补课"，增强其对产品的信心。

方法三　"您完全不用担心这个，这种材质在国际上已经使用××年了，几乎所有这类产品都会用到这种材质，到现在还没有发现对人体有不好的影响，就跟我们天天喝的水一样。"

★ 讲述该材质使用的年限和广度，说明不计其数的消费者曾使用过这种材质的产品，顾客会因从众心理而接受该材质。

😞 错误提醒

错误提醒 1　"只会对您的身体有好处，不会有害处！"

★ 解释地过于空泛，无根据。

错误提醒 2　"怎么会呢？这可是名牌产品啊！"

★ 别拿名牌说事儿，顾客希望获得的是正面的回答。

技 巧运用

技巧一　导购促销人员在说明产品材质时，要注意用词的通俗性，用平实的语言解释材质的特性，切忌堆砌专业词汇，让顾客不知所云。

技巧二　为彻底打消顾客的担忧，导购促销人员要善用权威的认证证书。

万能话板

您多虑了！我们是正规厂家，产品材质都是环保型的，您看（展示环保资质证书等）……

……

情景 61　你们的售后服务好像不怎么样

情 景再现

某卖场，一名顾客对某产品比较关注，不时提问些细节问题，导购促销人员

——解答后，顾客心存疑虑地说："你们的售后服务好像不怎么样！"

行为分析

很多顾客在购买产品时都是比较理性的，他们考虑的不仅仅是产品本身，还会考虑到其使用后获得的售后服务，对那些使用年限较长的产品，更是如此。所以，即使产品符合顾客的需求，而售后服务不能解决产品可能出现的问题时，顾客也是不会做出购买决策的。

顾客对产品售后服务的疑虑可能基于以下原因：一是听信他人，以偏盖全，甚至根本就没有事实根据；二是自身经历，曾购买此品牌产品，因为某些原因而对其售后服务产生不良印象；三是借此促使导购促销人员降价。

话术模板

方法一

导购："请问您是有过这种经历还是听别人说的？"

顾客："听我一朋友说的，几年前，他买了一款你们的产品，出了点儿问题，在这儿找不着维修点，只好邮回厂家修。"

导购："很抱歉，给您的朋友添麻烦了！那时我们的服务网点少，售后服务上有些疏忽。现在好了，您看我们建起了这么多服务网点（翻开产品说明书后的售后服务章节），您要是有什么问题，我们立马就能派人上门服务！"

★ 先询问顾客异议的由来，然后礼貌致歉，体现出导购促销人员的气度，接着解释当前售后服务的具体情况，解决顾客的后顾之忧。

方法二

导购："请问您是有过这方面的经历还是听别人说的？"

顾客："我现在就用着你们公司的××产品，前阵子出了点故障，打电话报修，足足等了三天你们的售后服务人员才上门，叫我怎么不担心呢！"

导购："真是对不起，给您添麻烦了！前些天的情况实在特殊，希望您能理解！是这样的，前阵子天气不好，产品容易出问题，再加上维修人员都是我们自己的员工，人手就显得不够用了。我会把您的意见反映到公司的，看能不能建立一些特约维修点！"

顾客："那还好。"

导购："您放心吧，我们对消费者是负责的，一定会为您提供满意服务的！再说，我们的产品质量也是过硬的……（介绍产品品质）"

★ 说明售后服务没有到位的原因，消除顾客对售后服务的怀疑。

方法三　"您说得没错，我们是一家刚起步的小公司，售后服务的确有些不太到位。可我们产品的性价比在同类产品中是很高的……"

★ 对一些刚起步的公司来说，售后服务确实可能不到位，要勇于承认，然后转移话题，让顾客认识到产品的其他价值。

错误提醒

错误提醒 1　"放心吧，我们的产品质量绝对过关，不会出什么问题。"

★ 转移话题，只会让顾客更加怀疑售后服务有问题。

错误提醒 2　"不可能的事儿，我们的售后服务一直很好！"

★ 直接否定顾客的疑虑，只会加强顾客对售后服务的坏印象。

错误提醒 3　"哪有啊，你也说了是'好像'嘛。"

★ 找顾客言语的漏洞，针尖对麦芒，这分明是准备吵架！

错误提醒 4　"别听人瞎说，都是造谣！"

★ 解释空洞无物，主观性强，难以令人信服。

错误提醒 5　"我们一直在改进我们的服务！"

★ 公司追求"没有最好，只有更好"的售后服务，但从导购员嘴里这么说出来后，听上去会让人觉得售后服务确实问题很多。

错误提醒 6　"放心，我们一定给您提供最好的售后服务！"

★ 顾客不是傻子，"你只给我一人提供最好的服务，忽悠谁呢！"

技巧运用

技巧一　直接的否定和空洞夸大的承诺，都不能抹掉顾客的怀疑，反而会让顾客的疑心更重，导购促销人员要避免出现这两种情况。

技巧二　首先，导购促销人员首先得摸清顾客疑虑的由来；然后，针对其特殊情况做必要解释，最好拿出翔实的资料证据；最后给顾客一定的承诺，消除顾客的后顾之忧。另外，在释疑过程中，还要学会引导顾客，将话题转向有利于自身的方向。

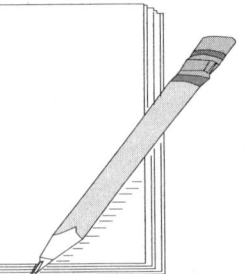

万能话板

请问您是有过这种经历还是听人说的?

对不起,给您带来了不便,请原谅!

……(具体解释、承诺)

情景62 我怎么从来没有听说过这个牌子

情 景再现

顾客在卖场查看了几样产品,和导购促销人员的交流也很顺利,最后却对着产品的商标疑惑地问:"我怎么从来没有听说过这个牌子?"

行 为分析

顾客发出如此疑问,我们可以这样理解。

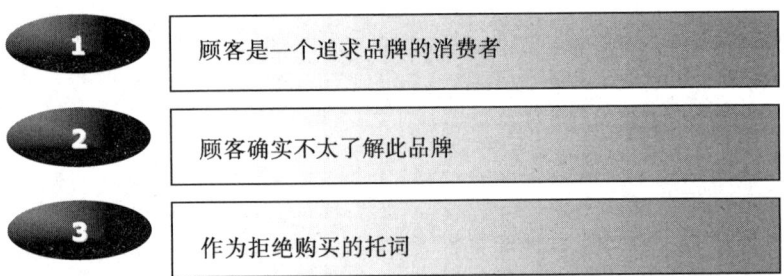

1	顾客是一个追求品牌的消费者
2	顾客确实不太了解此品牌
3	作为拒绝购买的托词

可以确定的是,提出此疑问的顾客是非常重视品牌的人,导购促销人员要学会利用这一点进行销售。另外,不论此产品是否为新品牌,导购促销人员都要以实相告,并顺势说明此品牌的由来和优势,进入产品推介过程。

话 术模板

方法一 "我们这个品牌主要以口碑宣传为主,可能您身边的人没有用过我们的产品。今天有幸为您服务，我给您简单介绍一下……（介绍品牌情况）。能够走到今天，说明我们的产品还不错。先生，您手里拿的这款是我们公司的新款，它有几个特殊功能……"

★ 先解释顾客没听过此品牌的原因，顺势介绍品牌，最后巧妙地进入产品推介环节。

方法二　"我们的产品刚进入咱们这个地区，其实这个品牌已经有十几年的历史了，在××地区卖得非常好，以后还请您多捧场啊。我们的目标顾客就是像您这样的成功人士，您看您身边那款……（重点推荐某款产品）"

★ 用品牌的历史和市场表现赢得顾客信任，最后重点推荐某产品。

😞 错误提醒

错误提醒 1　"不可能，我们可是个大品牌。"

★ 不友好，暗示顾客无知。

错误提醒 2　"我们在很多媒体上都做过广告的。"

★ 解释不明，无说服力。

错误提醒 3　"我们确实是新牌子，刚上市。"

★ 直接承认了产品为新品牌，易加深顾客的疑虑，使其丧失购买兴趣。

技 巧运用

技巧一　顾客对品牌提出质疑，至少表明顾客对产品是有一定购买意向的。这时，导购促销人员切不可为了维护公司的品牌形象就出言顶撞顾客，让顾客颜面无存，而是要保持礼仪，用优质的服务打消顾客的疑虑。

技巧二　回答顾客的提问时，要先从自身寻找原因，紧接着据此向顾客介绍自己的品牌，最后进入产品推荐过程。

万能话板

我们这个品牌……（提出让客户信服的理由），今天正好有机会给您介绍下我们的产品……您刚才看的那款挺适合您的……

情景 63   我都在这儿等半天了，一直没人来

情景再现

某卖场营业高峰期，顾客络绎不绝，导购促销人员忙得不可开交。这时，一名顾客气冲冲地挤到导购人员面前："我都在这儿等半天了，也没人过来招呼我！"

行为分析

哲学家约翰·杜威认为，每个人都希望自己显得很重要，也就是希望获得别人的重视。该情景中，顾客显然认为自己没有受到重视，从而对导购促销人员的服务产生不满。

话术模板

方法一   "（对刚进卖场不久的顾客）对不起，请稍等一会儿，您先随便看看，我给这位顾客包装好产品，马上为您服务！"

★ 道歉是必需的，道歉完毕可引导新进顾客了解产品，省下时间重点突破有购买意向的顾客。

方法二   "（见顾客对某产品青睐有加）对不起，让您久等了！您看，今天的人实在太多了，请多多包涵啊。您可真有眼光，您手里的这款产品……"

★ 道歉不可少，瞅准顾客积极跟进。

😞 错误提醒

错误提醒 1   "马上好，您再稍等会儿吧！"

★ 安抚工作不到位，顾客怒气不会消。

错误提醒 2   "没看我正忙着呢！"

★ 服务态度恶劣，理由牵强，不可取。

错误提醒 3   "你可真逗，哪有半天！"

★ 顾客不是在"逗"你，顾客生气了，后果很严重！

错误提醒 4　"对不起，你先找别人吧！"

★ 顾客本来就对服务有意见，现在你又生硬地拒绝为他服务，这不是火上浇油吗？

技 巧运用

技巧一　导购促销人员要眼疾手快，即使在营业高峰期，也要注意对顾客一视同仁，避免对有些顾客照顾不周。当然，也要有所重点地跟进购买可能性大的顾客，切不可本末倒置。

技巧二　卖场内营业高峰期，导购促销人员在服务上有所疏忽是难免的，若有顾客指出，就要真诚表示歉意，求得顾客谅解，之后根据顾客对产品的兴趣和进店时间做出不同的安排。

万能话板

对不起，让您久等了！您看，今天的人实在太多了，请多多包涵！
……

情景 64　我是老顾客，价格上不能再优惠些吗

情 景再现

某顾客在卖场内徘徊良久，对一款产品恋恋不舍，深入了解和试用后，向导购促销人员问道："我是老顾客，价格上不能再优惠些吗？"

行 为分析

顾客称自己为老顾客，不见得真的就是老顾客，具体如下所示。

1.真正的老顾客 顾客大都有虚荣心，希望能得到导购促销人员的重视和尊重。有时他们提出这事并非为讨价还价，只是再强调自己的特殊身份	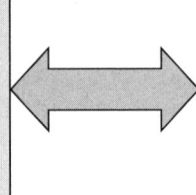	2."冒牌"的老顾客 这种顾客一般是抱着"贪小便宜"的心理，希望可以享受老顾客的待遇

话术模板

方法一　"是啊，大家都是老朋友了。咱们产品采取低价策略，就是希望薄利多销，价格实在不能再低了。不过，我会将您的建议反映到公司，看以后能不能给老顾客些优惠。对了，您选中的这款产品卖得可好了，它……（介绍产品）"

★ 真诚感谢老顾客的支持，重视顾客的意见，给足了顾客面子，最后将话题转到产品上。

方法二　"谢谢您一直照顾我们的生意。您也知道，我们产品的价格是比较公道的，实在不能再优惠了。难得您这么喜欢这款产品，我给您申请个赠品吧，您看怎么样？"

★ 对老顾客的支持表示谢意，拉近与顾客间的距离；恳请顾客谅解，给予顾客充分的尊重；以购买产品为前提送顾客赠品，让顾客尝到甜头。顾客在心理和实质上都得到了满足，哪还会继续纠缠什么优惠？

错误提醒

错误提醒 1　"谁知道你是不是老顾客？"

★ 出语顶撞顾客，无礼。

错误提醒 2　"就因为你是老顾客，已经给你最优惠的价格了。"

★ 主观，无法使顾客信服。

错误提醒 3　"我也想啊，可公司有规定，我也没法子。"

★ 拿公司规定说事儿，没有说服力。

错误提醒 4　"要是能给优惠，我早就给了！"

★ 直接拒绝了顾客要求，不友好，而且毫无回旋余地。

错误提醒 5　"不管是老顾客还是新顾客，都是我们的上帝，我们一视同仁!"

★ 貌似理由充分，而且冠冕堂皇，实则伤透了"上帝"的心!

技巧运用

技巧一　对真正的老顾客要笑脸相迎、热情接待，温暖老顾客的心；对"冒牌"的老顾客也要热情接待，不可为了拒绝顾客的要求而揭穿对方，这样只会让他们下不来台。

技巧二　对价格疑虑的解释还有图 5-8 所示的方法。

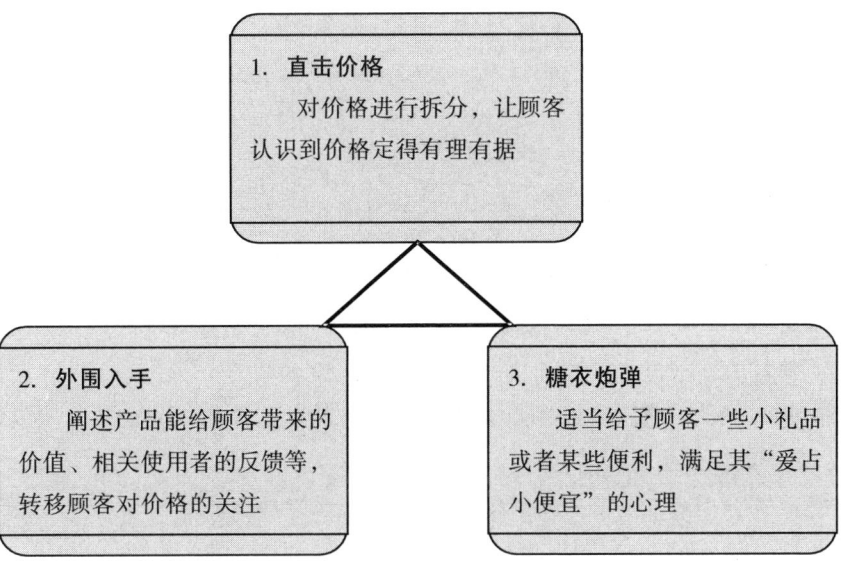

图 5-8　打消顾客价格疑虑的方法

情景 65　这件产品的款式/颜色/包装/大小不适合我

情景再现

顾客在对产品进行整体了解后，经常会把注意力集中到某点上，提出如下问题。

"款式有些陈旧，是不是过时了？"

"这种颜色看上去是不是和我不太搭？"

……

行 为分析

顾客对产品的某些细节产生异议，其原因有二：第一，顾客对自己的选择不自信，期待导购促销人员给予肯定性回答，舒缓购买产品带来的心理压力；第二，顾客有很强的自我主张，对细节要求甚高。

话 术模板

方法一 "（对不自信的顾客）您完全没有必要担心这个。从您的气质、身材等各方面来看，这种材质（款式、颜色、包装、大小）的产品很适合您，刚才那位先生就给他太太买了一件。"

★ 正面回应顾客担忧，从专业的角度出发，为顾客提供购买建议，利用人们的从众心理化解顾客疑虑。

方法二 "（对要求高的顾客）先生，您多虑了，我觉得这款产品在这一系列中是最好的。您看（指着顾客不屑一顾的其他种类产品），这件的缺点很明显……还有那件……这些都不适合您。还是这款最适合您，您看……（历数优点），是不是？"

★ 导购人员没有正面回答顾客的问题，而是对顾客不屑一顾的产品进行对比，迎合了顾客的挑剔心理。最后采取了排除法，话题一转，既然那些都不适合，那最适合的就是现在这款。

😞 错误提醒

错误提醒 1 "没有啊，再适合你不过了。"

★ 空洞的表达，缺乏说服力。

错误提醒 2 "那您再试试另一件？"

★ 没对顾客的疑议进行任何解释，不可取。

错误提醒 3 "怎么会有问题呢？这都是专业人员设计的！"

★ 逞一时之快，有贬损顾客见识少之嫌。

错误提醒 4 "那你到底想要什么样的？"

★ 失误有二，一方面显得不耐烦，对顾客不够尊重；另一方面顾客的回答容易让导购促销人员陷入被动，相当于自己给自己挖坑。

技 巧运用

技巧一　对不自信的顾客，导购促销人员要学会引导其认识到自己的选择是正确的。这往往需要从正面出发，对产品的细节进行肯定，不断增强顾客的购买信心。

技巧二　对要求高的顾客，可利用对其他产品的贬损让顾客获得心理满足，将这些排除之后，再回归原来的那款产品，凸显其价值所在，使顾客消除疑虑。

万能话板

您完全没有必要担心这个。

……

情景 66　产品的款式和功能差不多，××品牌比这便宜

情 景再现

顾客在卖场听完导购促销人员的介绍，然后体验了产品，都比较满意。最后看了下价格，一脸不解地说："我刚才看××品牌也有一款产品和这款功能差不多，可价格比这便宜。"

行 为分析

顾客能够体验产品，且把它与其他品牌产品比对价格，不外乎有如下考虑。

> 1.顾客有购买产品的欲望，只是要选择一个质优价廉的品牌，迫切需要了解关于此产品和产品价格方面的知识

> 2.顾客搬出其他品牌的产品向导购促销人员施压，达到迫其降价的目的

话术模板

方法一 "您观察力可真强！其实，每一种品牌在定价时都会综合考虑很多东西，像材质、款式、工艺、售后服务等，这些都是不同的。所以，各家的价格也不一样。我们这款产品的优点在于……"

★ 礼貌夸赞顾客，使其放松心情；然后解释价格的制定依据，用最真实的资料打消客户的疑虑；最后介绍产品优点，强化顾客的购买信心。

方法二

导购："是的，有很多顾客一开始也提到过这一点，可后来都成了我们的忠实顾客，您知道为什么吗？"

顾客（好奇心起）："不知道，为什么呢？"

导购："因为他们打听到我们的产品质量好、售后服务好。您看，这位张先生（拿出顾客档案，增强说服力）都给我们介绍了十几个顾客了。所以您就甭担心了，用了您就知道物超所值了！"

★ 首先肯定顾客的疑惑，拉近与顾客的距离；然后列举忠实顾客的资料，巧妙利用他们对产品的评价获得顾客的青睐。

错误提醒

错误提醒1 "因为品质有区别。"

★ 简单的解释，空洞、无说服力。

错误提醒2 "一分钱一分货。"

★ 过于直白，而且有冒犯顾客之嫌。

错误提醒3 "我们是大品牌。"

★ 空洞，有贬低竞争对手的意味。

错误提醒 4　"那你去买便宜的啊。"

★ 无礼，轻视顾客。

技 巧运用

技巧一　导购促销人员可通过详细解释影响产品定价的因素（最好能列举某因素的具体情况），让顾客觉得价格制定得有理有据，然后重点说明自身品牌的优点，转移顾客的注意力，激发其购买热情。

技巧二　导购促销人员也可避而不谈价格，而是从价格之外的东西入手。例如，可说明产品的材质、功能、外观、售后服务、老顾客评价等，从而消除顾客疑虑。

万能话板

您说得有一定道理，每种产品的定价都是有一定依据的，要综合考虑……我们这款产品的优势在于……

我们产品的价格高是因为我们提供的服务价值高，例如……（某突出性能）还有我们的顾客满意率达到……

Chapter 6

第6章

及时成交业绩丰

顾客对产品的需求是多样的，世界上没有哪种产品能够完全满足所有顾客的需求，因此顾客在选择、购买所需物品的时候，总会针对产品质量、产品价格、售后服务等方面提出异议，进而影响自己做出购买决策。导购应了解顾客的疑虑及其产生的原因，并及时消除这些疑虑。可以说，疑虑不消除，销售难成功。

第1节 纠结价格

情景67 这次促销活动什么时候结束

情景再现

某卖场举办大型促销活动，一位顾客一直徘徊在某产品前，仔细了解产品的功能、质量等。促销员为他一一作了说明，还引导顾客亲自体验了产品，顾客在称赞产品性能的同时，附带问了一句："这次活动什么时候结束？"

行为分析

顾客只有在对产品具有很强的购买欲望的时候，才会关注到促销活动时间的问题，否则是不会过问这种事情的，所以首先可以肯定的是顾客具有购买欲望，这话就是一句成交信号。

由顾客询问促销活动期限这一行为，我们可以推测出：

1	顾客有购买欲望，但可能不是购物的决策者，需要请示决策者
2	顾客有购买欲望，也是购物的决策者，但暂时没有支付能力
3	顾客有购买欲望，是购物的决策者，也有支付能力，但是暂时不想购买，想过段时间再买

话 术模板

方法一

导购："活动还有三天就结束了！这款产品卖得特别火，这两天可能就卖光了！看您也是真心喜欢，是不是有什么不方便的地方?"

顾客甲："我得回家和我妻子商量商量。"

导购："您想得真周到！可我担心您下次来的时候就没有货了。有一位顾客昨天看上一款产品，但当时没买，刚才再来的时候恰巧就没货了，白跑一趟。您要是把这么好的产品直接带回家，嫂子还不直夸您有眼光吗？我这就给您开单！"

★ 面对有购买欲望、无决策权的顾客时，促销员回答完顾客提问后，利用顾客的惜失心理劝其自己做出购买决策，最后直接促成交易。

方法二

顾客丙："是这样的，家里还有呢，我现在还不想买，过阵子再说吧！"

导购："这种产品的保质期是三年，买回去可以存着以后用。再说了，活动后产品就恢复原价了，现在买还能省下不少钱呢！"

★ 顾客暂时不想买时，陈述早购买的好处以及晚购买的坏处，两相比对，顾客自然会做出购买的决策。

错误提醒

错误提醒1 "今天是最后一天！（为让顾客早做决策而撒谎）"

★ 诚信是为人之本，也是做生意的基本准则，丢不得。

错误提醒2 "本周日！"

★ 就顾客的提问而回答，没有深层分析顾客的心理状态。

技 巧运用

技巧一 导购促销人员不要犯"就事论事"的错误，而要在回答提问后，顺便挖掘出顾客提出问题的原因，然后根据具体情况采用不同的应对办法，扫除成交障碍。

技巧二 直接告知顾客促销活动结束日期，不可为了促成销售而欺瞒顾客。

技巧三 利用顾客惜失心理、节约购买成本心理等，为顾客提供解决问题的办法，帮助顾客消除顾虑。

万能话板

还有×天就结束了！这款产品卖得特别好，这两天可能就卖光了！看您也是真心喜欢，冒昧地问一句，您是不是有什么不方便的地方？（判断顾客处于文中的哪种情况）

……

情景 68　再给我优惠×元，我就买了

情景再现

卖场内，一名顾客对某款产品非常感兴趣，对产品的性能也表示满意。导购促销人员瞅准了时机，主动提出成交，顾客却凝起眉头，考虑了一会儿说："再给我优惠×元，我就买了！"

行为分析

顾客要求优惠是很正常的，这种要求多是顾客的一种习惯性反应，如果产品打动了他，他往往会抱着能争取一点优惠就争取、争取不到也无所谓的态度，不会非常坚持要求优惠。

话术模板

方法一　"您看，咱们这产品的功能、质量在同类产品中是非常出色的，价格上却和它们差不多，实在是物超所值。而且我们一直奉行薄利多销的经营理念，再给您优惠我们就要赔本儿了，还请您理解。看您也是真心喜欢这款产品，我送给您一个小礼物吧。"

★从产品的价值、与同类产品的比较以及销售理念出发，说明已经无法再给

优惠，并礼貌恳请顾客理解，最后引导成交。

方法二

导购："您是真心喜欢这件产品吗？"

顾客："真心想买，你再给我便宜×元，就当拉个回头客，以后我多给你介绍顾客不就行了！"

导购："您给的价格真的是太低了，我也做不了主。看您是真心喜欢，我去我们经理那给您争取一下，请您稍等……（离开柜台一会儿后归来）实在抱歉，经理说价格上没办法再降了，不过我给您争取了一份代金券！您下次来时就可以直接当现金用！这可是非常优惠了，给您！"

★ 导购促销人员在价格上无法做主时，可寻求上级帮助，一来显示出对顾客的诚意，二来利于让顾客信服。切不可轻易满足顾客的要求，那样可能失去顾客的信任，使销售功亏一篑。

方法三 "您看中的这款产品现在正搞促销呢，这就是最优惠的价格了！要是以前买，得多花一半的钱呢，我给您包起来吧？"

★ 导购促销人员以已经给顾客优惠回应了顾客的请求后，直接请求成交。

错误提醒

错误提醒1 "给不了，这已经是最优惠的了！"

★ 将顾客的请求一棒子打死，顾客颜面无存。

错误提醒2 "公司规定不能给！"

★ 顾客会觉得：好没人情味的公司！

错误提醒3 "你怎么不早来啊，优惠日期已经过去了！"

★ 将过错归于顾客，不可取。

技巧运用

对提出优惠请求的顾客，导购人员要表现出热情和耐心，切不可直接回绝，而是要从产品的优越性和定价的合理性方面入手，说明产品的价值所在。若确定顾客真心要购买产品，而导购人员自己做不了主时，可寻求上级的帮助。适当的优惠可起到锦上添花的效果，有助于快速成交。

万能话板

您看，咱们的产品无论质量、功能、性能还是……（列举优势）都是非常出色的，而且价格已经很优惠了，再降价我们就要亏本儿了。不过我可以给您个小赠品，欢迎您经常关照我们店！

看您也是真心喜欢这款产品，我去我们经理那儿给您请示下，看能不能给您些优惠！

情景69 可惜，我没带那么多钱，改天吧

情景再现

顾客对某种产品产生浓厚的兴趣，对产品的性能赞不绝口。导购人员发现了顾客的这一成交信号，主动提出成交，顾客却非常惋惜地答道："可惜我没带那么多钱，改天吧！"

行为分析

顾客说"没带那么多钱"可能有两种情况：一种是顾客以此为借口，借机离开，这需要导购促销人员重新唤起其对产品的兴趣（应对方法前文有述，在此略过）；另一种则是实情，也就是说顾客的购买意向很明确，只是在支付上存在一些问题，为不能立刻得到产品感到遗憾。事实上，此时的顾客渴望得到帮助，处于心理上的弱势。如果导购促销人员能适时给出合理的解决方案，成交很简单。

话术模板

方法一

导购："冒昧地问一句，您还缺多少钱？"

顾客："不多，就差十块钱！"

导购："看您真喜欢这件产品，我向我们经理争取下，看能不能给您再降点！"

★ 若顾客带的钱差得不多，以此价格成交又在可以接受的范围内，导购促销人员完全可以为顾客降价，以达到成交目的。

方法二 "这款产品卖得特别火，现在就剩最后三件了，要是改天来的话可能就没货了。要不您先交部分订金，我给您留一件，怎么样?"

★ 利用顾客的惜失心理，提出交订金的解决之道，很好地促成了交易。

方法三 "您可真幸运，我们这儿不但可以用现金，还可以刷卡或微信、支付宝交易，借记卡或信用卡都行。"

★ 提供多种支付方式供顾客选择，有助于成交。

错误提醒

错误提醒1 "那好，改天见!"

★ 未能为顾客提供帮助，反而将其拒之门外。

错误提醒2 "这儿还有便宜些的，也都不错!"

★ 为顾客介绍便宜的产品，可能引起顾客的反感。

错误提醒3 "门口就有自动取款机，很方便的!"

★ 无法回应顾客可能出现的"卡里没钱了"或"没带卡"之类的答复。

技巧运用

面对顾客没带够钱的"拮据"，导购促销人员要友好帮助、真诚服务，可提供降价、付订金、建议刷卡等多种方案，最终确保顾客购得心仪的产品。

万能话板

放心吧，我们这儿可以刷卡、分期付款或交部分订金，您选哪一种呢?

看您这么喜欢这款产品，咱们又聊得来，既然您差得不多，我向我们经理争取下，看能不能给您降点。

情景70 顾客体验（试用）后很满意，但一看价格就有些犹豫不决

情景再现

顾客在导购促销人员的引导下，兴冲冲地体验（试用）某产品，这个过程中还不时问些关于产品品牌、质量、性能等方面的问题，导购促销人员一一为其耐心解答，顾客很满意产品，与导购促销人员交流得也很融洽。最后，顾客翻看了一下价格牌，脸上顿时显出凝重的表情，似乎在考虑是否购买。

行为分析

价格在很大程度上影响着顾客的购买决策。一般来说，顾客希望花较少的钱购得喜欢的产品，若产品价格高于其心理预期，他们难免会有所犹豫；也有些顾客可能会因为价格低而迟疑，这与顾客固有的观念是分不开的，如"便宜没好货"等。

话术模板

方法一 "（对嫌价格高的顾客）就是因为价格高才更应该买呢，咱们买东西就是买个放心，一分钱一分货嘛！"

★ 顾客嫌价高，导购促销人员没有辩解价格不高，而是反其道而行之，说价高更应该买，然后以质量好为切入点吸引顾客成交。

方法二 "（对嫌价格高的顾客）价格是有些高，可高有高的道理啊。您看这质量、功能都没得说……（详细说明）而且我们是知名品牌，售后服务也有保证，真的是物超所值啊！"

★ 从产品所具有的价值入手分析，侧面瓦解顾客最后的疑虑，以物超所值作结，坚定顾客的购买信心。

方法三 "（对嫌价格高的顾客）这款产品看上去好像不便宜，其实是很划算的。您想，这款产品最少可以用十年，您一年才花费×元钱就能享受到高品质的服务，您还觉着贵吗？"

★ 化整为零，将产品总价分摊到每一年。

方法四 "（对嫌价格低的顾客）您是担心产品的质量问题吧？（顾客点头）您多虑了，为了能吸引更多的消费者，我们一直采取低价策略，对产品质量却从不敢懈怠。我在这儿工作快两年了，还没碰到过一个因为质量问题而要求退货的，您就放心用吧！（边说边给开票）"

★ 有针对性地解释价格低的原因，以公司的定价策略和个人工作经验为依据，证明产品质量信得过，最后主动提出成交请求。

😞 错误提醒

错误提醒 1 ……（沉默）

★ 关键时刻，沉默不是金，不趁热打铁继续跟进就会浪费成交机会。

错误提醒 2 "你到底买不买？"

★ 无技巧的催促容易给顾客带来巨大的心理压力，增加其厌烦感。

错误提醒 3 "要不再看看其他的？"

★ 主动放弃对该款产品的推介，前功尽弃。

技巧运用

技巧一 对那些嫌价格高的顾客，一般可用图 6-1 所示的方法令其认识到价格的合理性。

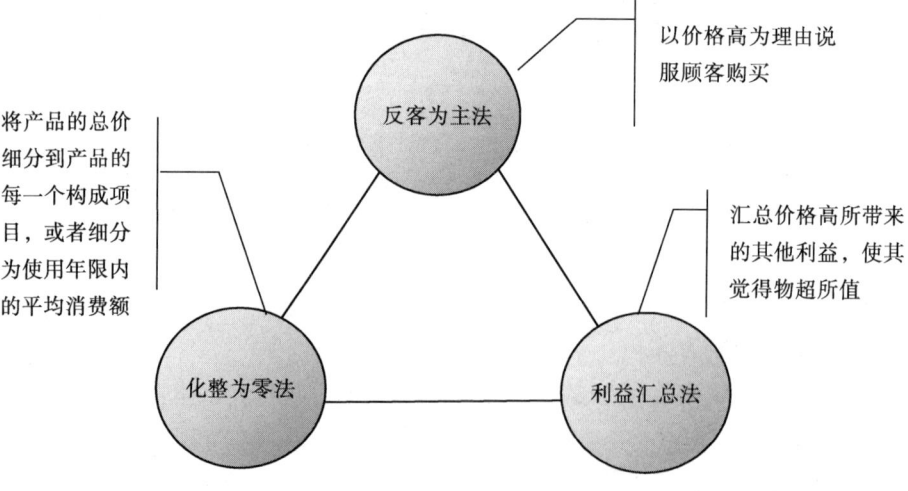

图 6-1　如何说服觉得价高的顾客

技巧二 对嫌价格低者，首先问清楚顾客嫌价低的原因所在，然后针对具体原因从产品自身、顾客反馈和导购促销人员自身见解方面逐步化解顾客的顾虑。最后，瞅准时机，运用直接成交法或者假设成交法促进成交。

第 2 节 选择纠结

情景71 两款都不错，选哪一个好呢

情 景再现

卖场内，顾客对两款产品都很感兴趣，一会儿夸赞其中一款，一会儿又夸赞另一款，还对两款产品进行各方面的对比，最后左右为难，不知道选购哪一款，于是求助于导购促销人员："两款都不错，选哪一个好呢?"

行 为分析

顾客拿不定主意选哪款时，导购促销人员首先要明确顾客买产品的用途。

若是自用，可能是因为顾客在购物之前并不清楚自己真正的需求，或者在繁杂多样的产品面前一时忘记了购买商品的用途。

若是送人，首先说明顾客对要送的对象比较在意，否则也不会费神挑选合适的产品；同时又对送礼对象不太了解，不知其会喜欢哪款产品。

无论是哪种情况，顾客都处于迷茫状态，急需导购促销人员的正面回应和积极引导，以做出正确的购买决策。

话 术模板

方法一

导购："您可真有眼光，这两款产品可是我们的'明星产品'，请问您是自己用还是送人呢?"

顾客："自己用!"

导购："这两款产品的性价比都比较高,外观上差不多,但功能上是有些区别的。您看,甲产品有定时关机功能,既省电又安全;乙产品就没有这项功能,它最出彩的地方就是外观设计。虽说甲产品价格高些,可我个人觉着更适合居家过日子用,我们买东西图的是实用和放心,您觉着呢?"

★ 对两款产品进行比较,引导顾客从实用和安全的角度做出购买决策。

方法二

导购："这两款都是今年最流行的,您可真会挑!请问您主要是在什么场合下用呢?"

顾客："我一般都是出野外工作时带着。"

导购："您的工作可真好,可以饱览大自然的美景。这两款产品在功能上没有多大差别,足够您日常工作使用。不同的是,甲款是金属外壳的,非常抗摔,烤漆工艺也是一流的,不掉色;而乙款虽然是塑料外壳,可其待机时间相比甲长些。您更看重哪点呢?"

★ 询问出顾客使用产品的场合,有助于有针对性地分别推介产品卖点,之后让顾客自己拿主意。

方法三

导购："这两款产品是我们卖得最火的,都快断货了,您来得正是时候!不知您是自己用还是送人呢?"

顾客："我朋友过生日,我给他选个礼物!"

导购："有您这种好朋友真是一种福气!这两款产品其实就差在颜色上。您看甲款产品颜色是白色的,给人一种洁净的感觉;乙款是红色的,很阳光,看上去挺喜庆的。您觉着您朋友会更喜欢哪种呢?"

★ 如果产品是顾客送人的,导购促销人员应引导顾客选那款送礼对象喜欢的、与送礼场合吻合的产品。

**错误提醒**

错误提醒 1 "更喜欢哪件就买哪件!"

★ 顾客本来就不清楚更喜欢哪件,这样回答等于没说。

错误提醒 2 "都挺好的,随便挑一件吧!"

★ 让人听来有应付的意思,不尊重顾客。

错误提醒3 "那就两个都买了!"

★ 想法虽好，可是缺乏可行性。

技巧运用

无论顾客买产品是自用还是作为礼物送人，导购促销人员首先要认同顾客的选择，赞美两款产品都不错；然后从顾客的实际需求出发，表述两款产品的优点和区别，供顾客选择；接着表述个人的专业意见，以示对顾客的尊重；最后切忌越俎代庖，而是要请顾客自己做出决策。

万能话板

您可真有眼光，这是我们店卖得最火的两款产品！甲款的功能是……乙款则……如果您一般在××场合下，建议您选择甲款，这样可以……（给顾客带来的利益或者避免的损害）您觉着呢？

情景72　成交前顾客出现悔意（反悔）

情景再现

顾客在导购促销人员的引导下对某产品产生了兴趣，详细了解了产品的功能、质量、售后服务等，并亲自体验，体验后对产品评价很高，表示可以买一款。就在导购促销人员要开购货单时，该顾客忽然露出尴尬的神情："让我再考虑一下吧!"

行为分析

购买欲望和购买力共同决定了顾客是否会花钱购买产品，只有这两个条件都具备，顾客才会产生购买的行为。购买力取决于顾客的财力，是客观存在的事实；而购买欲望的产生则要复杂得多，大体可分两种情况，如图6-2所示。

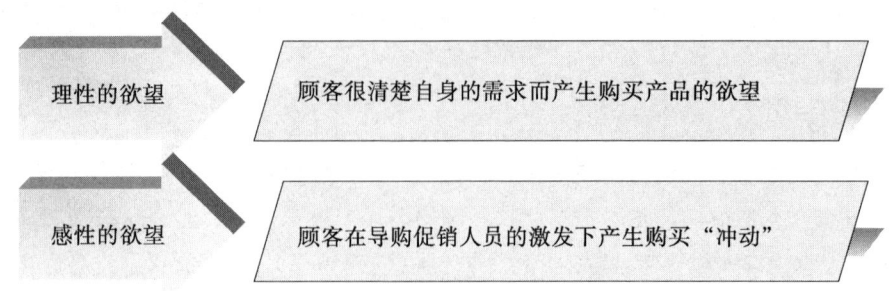

图6-2　购买欲望的分类

如果是前者，顾客在成交前产生悔意，一定是对产品或价格还存有不满；如果是后者，感性的性格决定其很容易在成交前产生悔意。

话术模板

方法一　"（对具理性欲望的顾客）考虑一下也是应该的，每一块钱都要花得有价值嘛！您看，咱们这款产品……（材质、技术、功能等，注意与前期挖掘的顾客买点相契合）可以给您带来……（便利性、舒适性、安全性等顾客希望得到的）其实这些都很适合你，我这就给您开单吧！"

★ 对顾客的悔意表示理解，综述产品与顾客需求相契合的卖点，罗列产品可以给顾客带来的利益，消除顾客的悔意。

方法二　"（对具感性欲望的顾客）您还用考虑什么呢？这款产品好像就是专门为您设计的，您要是买了它，就可以用它……（产品用途）别人都羡慕呢！该出手时就出手，过几天可能就卖光了，我这就给你包起来！"

★ 用富含激情的语言描绘顾客获得产品后的美好场景，引导顾客"冲动"消费。

方法三　（顾客悔意明显，放弃购买的情况）

导购："我想请您帮个小忙，可以吗？"

顾客："可以，你说吧！"

导购："您能告诉我，我有哪些需要改进的地方或者您觉得我们的产品还有哪些不足吗？我们也好有改进的机会！"

顾客："看您这么诚恳，其实是……"

★ 探知顾客放弃购买的真正原因，然后针对此原因开始解决顾客新的疑虑，不放弃任何可能促成交易的机会。

😞 错误提醒

错误提醒1 "刚才都说好要买了,怎么又不买了?"

★ 对顾客有怨言,会惹顾客不高兴。

错误提醒2 "这款产品真的很好,就买了吧!"

★ 这种直白的劝说,毫无意义。

错误提醒3 "不买就算了吧!"

★ 主动放弃交易,不明智。

技巧运用

无论是对具有理性欲望的顾客还是感性欲望的顾客,导购促销人员都不要轻言放弃,而是要先安抚顾客的情绪,然后针对顾客类型运用不同技巧予以劝服。具体技巧如下。

理性欲望的顾客	感性欲望的顾客	悔意坚决的顾客
利益汇总法:将所有顾客期望获得的要素综合起来,一起呈现在顾客面前,以利益驱动成交	前瞻成交法 最后机会法	最后一击法:在顾客拒绝意向十分明确的时候,诚恳地请顾客指出不足之处,争取最后的成交机会

万能话板

慎重些是应该的,毕竟赚钱都不容易!不过您看,这款产品……(材质、技术、功能等,注意与前期挖掘的顾客买点相契合)可以给您带来……(便利性、舒适性、安全性等顾客希望得到的)您真是有眼光,这款卖得特火,都快断货了,出手要快啊,我这就给您开单!

情景 73 我就担心你们售后服务不到位

情景再现

某卖场，一名顾客在体验了几款产品后，对其中一款表现出很大的兴趣。导购促销人员就顺势重点推介了该产品，顾客听得很认真，不住地点头赞许。就在导购促销人员认为就要成交之际，顾客又添了一句："我就担心你们售后服务不到位。"

行为分析

顾客在做出购买决策前，对产品的售后服务提出疑问是正常的。顾客觉得在购买前选择余地更大，自己是强势的买方；而一旦购买了产品，这种优势就会消失，所以期望在售前得到卖方关于售后服务的承诺。

话术模板

方法一 "您就放心吧。我们是大品牌，对售后服务一直很重视，单在咱们市就有三个售后服务点，而我们的服务人员都是经过正规培训的，服务态度好，技术更是没得说。以后万一您有需要，只要一个电话，他们就能上门服务，方便又及时。您就放心使用吧！"

★ 从正面列举服务网点、技术人员的相关情况，表明公司对售后服务的重视，消除顾客疑虑，引导顾客成交。

方法二 "我很理解您的心情，这么大件的东西，买回去谁都担心售后跟不上。不过，我们的售后服务是有口皆碑的，好多顾客就是冲着我们售后服务到位才购买的，这是我们在售后服务方面获得的奖项，您看……（取出奖项证书）前几天还上过咱们的晚报呢，您看，就在这儿（指出报纸中产品售后服务受奖部分给顾客看）。"

★ 认可顾客担心的合理性，以获得的奖项和老顾客的评价为论据，从侧面证明产品售后服务的优异。

错误提醒

错误提醒 1　"放心吧，我们售后保障绝对没问题！"

★ 口说无凭，且太过绝对，很难使人信服。

错误提醒 2　"我们的售后服务怎么会没有保证呢？"

★ 反问顾客容易招致顾客的厌烦，无形中增加其不信任感。

技巧运用

技巧一　面对顾客在做出购买决策前的疑问，导购促销人员首先要表示认同，拉近双方的感情距离，然后再具体解决顾客的疑虑。

技巧二　导购促销人员可从售后服务网点、服务队伍建设等方面入手，同时别忘了拿出真凭实据，强化顾客对售后服务的信心；还可从老顾客的认可、社会的赞誉等侧面表明售后服务的可靠性，获得顾客的信任。

技巧三　如果成功地消除了顾客的疑虑，导购促销人员一定不要忘记根据顾客的类型，采用假设成交法、直接成交法等，主动提出成交。

万能话板

您说得有道理，我很理解，买东西时咱都怕售后跟不上。不过，对咱们的产品您无需多虑！

您看，这是我们在本市建立的售后服务网点……我们的服务人员技术非常棒，素质也高。这是我们在售后服务方面获得的奖项，您看……很多老顾客还经常给我们写表扬信呢！您就放心用吧！

情景 74　顾客对产品比较满意，但难下购买的决心

情景再现

卖场内，一名顾客在某产品展示台前体验其中一款产品时，对产品赞不绝口，

在导购促销人员的配合下不断尝试各种功能。体验结束后，顾客不舍得离开，眼神中透出对产品的留恋，一直打量着产品，时而抬头看天花板，时而低头沉思，购买决心一时难下……

行为分析

根据顾客的性格特征，我们一般可将其主要划分为七种类型。

类型	表现
谦逊有礼	礼貌回应导购促销人员的介绍和推介，实际上心中自有主张
心直口快	直奔主题，购买或决策快，很难改变其决策
优柔寡断	迟迟不能做出决策
沉默不语	始终"金口难开"，对产品不置可否
胆怯害羞	胆小，害怕陌生人，不敢与导购促销人员对视
吹毛求疵	用怀疑的眼光看待一切
冷若冰霜	不太容易让人亲近

很明显，多数无法下定决心购买产品的顾客属于优柔寡断型，他们往往在导购促销人员长时间的反复说明后仍然犹豫不决，迟迟不能做出决策。

导购促销人员面对这种迟迟下不定决心的顾客，应该帮助其做出决策。

话术模板

方法一 "这款产品有两种颜色，您更喜欢红色的还是黑色的?"

★ 导购促销人员直奔主题，以"二选一"这一提问技巧迫其做出购买决策。

方法二 "看您这么喜欢，我这就给您包起来!"

★ 快刀斩乱麻，直截了当地帮助顾客做出决策。

方法三 "难得您这么喜欢，要是能摆在家里天天享用该多好啊，您看着都高兴，就买了吧!"

★ 前瞻法，描绘顾客购买产品后的场景，激发顾客的购买欲。

方法四 "这款产品卖得特别火，单这两天就卖出去了十几件呢，您还不把握这么好的机会?"

★ 运用顾客的从众心理，引导其做出购买决策。

方法五 "（促销情况）今天是咱们促销活动的最后一天了，以后可没有这么优惠的价格了，您还等什么呢?"

★ 最后机会法，利用顾客的惜失心理。

方法六 "感觉不错吧，这款产品可是采用了最新的一项专利技术制造的，它能……（功能介绍）价格也不贵，绝对物超所值啊!"

★ 强化信心法，历数产品的功能和优点，坚定顾客的购买信心。

错误提醒

错误提醒 1 ……（沉默）

★ 顾客已经发出了成交信号，导购此时不闻不问是不明智的。

错误提醒 2 "您到底买不买啊?"

★顾客正在做激烈的思想斗争，这一问无疑会加大其心理压力，很容易激发顾客的厌烦和逆反心理。

错误提醒 3 "您要是买我就给您装起来，不买我就收起来了!"

★ 这个"二选一"应用地很失败，太过急促，透出一种不耐烦的态度，有不尊重顾客之意。

技巧运用

顾客做出购买决策前有所顾忌，是在做激烈的思想斗争：买还是不买？面对如此强烈的成交信号，导购促销人员切不可置之不理，而要主动出击、积极跟进，强化顾客购买的信心。可用的成交技巧如图 6-3 所示。

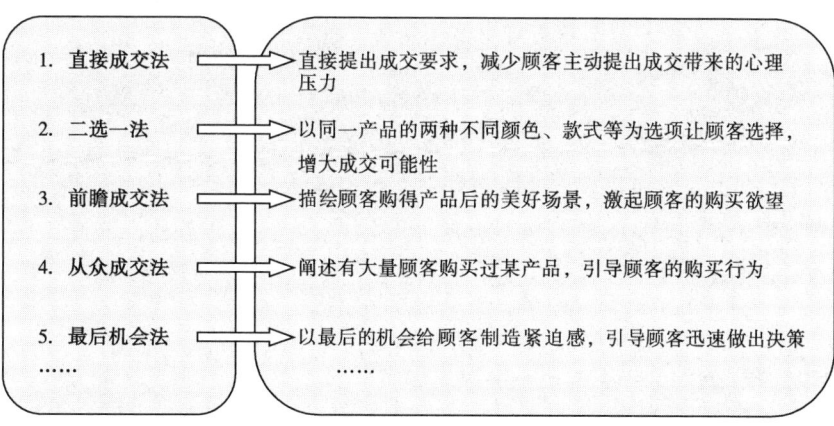

1. 直接成交法 ➡ 直接提出成交要求，减少顾客主动提出成交带来的心理压力

2. 二选一法 ➡ 以同一产品的两种不同颜色、款式等为选项让顾客选择，增大成交可能性

3. 前瞻成交法 ➡ 描绘顾客购得产品后的美好场景，激起顾客的购买欲望

4. 从众成交法 ➡ 阐述有大量顾客购买过某产品，引导顾客的购买行为

5. 最后机会法 ➡ 以最后的机会给顾客制造紧迫感，引导顾客迅速做出决策
…… ……

图 6-3　成交技巧

万能话板

请问您是要×的还是×的这款？（二选一法）

看您这么喜欢，我就给您包起来！（直接成交法）

今天是促销活动的最后一天了，把握住机会吧！（最后机会法）

······

情景 75　顾客对某产品感兴趣，同伴却持反对意见

情景再现

某卖场，一名顾客在朋友的陪伴下购物。他们来到某产品柜前，顾客发现了一款很感兴趣的产品，有心买下，又怕不合适，就征求他朋友的意见。他朋友这样回答：

（1）商场里面还多着呢，再看看吧！

（2）这个不适合你的风格！

（3）这种款式的你已经有了！

······

行为分析

一项购买行为一般会涉及发起者、决策者、购买者、影响者、使用者五种角色，多数情况下，发起者、决策者、使用者为同一个人，也就是导购促销人员眼中的顾客，而影响者就是为决策者提供意见的那个人。

购买行为的最终决策权在决策者那儿，但影响者的意见也十分重要。顾客之所以需要影响者的意见，是因为影响者通常是决策者比较亲近的人，或者是对某产品有一定了解的人，这种信任决定了他在顾客心中的特殊地位。

话术模板

方法一　"（对顾客）呵呵，您能有这么好的朋友给参谋一下真好！（笑着对顾客同伴）您说得对，这种产品还有好多款式，咱们一起给您朋友挑个最好的，怎么样？"

★ 赞美顾客和同伴，缓和了购物气氛，又适时将顾客的同伴拉拢到自己一方，结成"统一战线"。

方法二　"（对顾客）真羡慕您能有这么好的朋友，周末一起出来逛街。（对顾客同伴）看来你们是很好的朋友，一定很了解他了，您看你朋友适合哪种款式呢？帮我一起给他挑个满意的吧。"

★ 肯定顾客和同伴的友情，巧妙地让顾客的同伴说出顾客的偏好，利于下一步的销售推荐。

错误提醒

错误提醒 1　"只要您喜欢就行了，不是吗？"

★ 撇开顾客同伴的意见，是对顾客的不敬。

错误提醒 2　"您朋友说得太武断了！"

★ 批评顾客同伴，容易导致顾客的反感。

错误提醒 3　"可不是这样子，这款产品卖得特别好。"

★ 变相贬低顾客同伴的眼光，不可取。

错误提醒 4　不理会顾客同伴的意见。

★ 对顾客同伴的意见不做任何表示，等于默认了产品"不怎么好"。

技巧运用

技巧一　对影响者提出的不利意见，导购促销人员要摆正心态，本着为顾客服务的态度友善回应，避免直接反对顾客同伴的意见，也不可无视其意见。

技巧二　导购促销人员要学会赞美顾客的同伴，争取从同伴那儿获得支持，促进成交。

万能话板

（对顾客）您能有这么好的朋友在身边可真好！（对顾客同伴）您说得对，您不妨给推荐几款，咱们再一起给您朋友挑个最好的！

情景76 顾客决定再到其他卖场看看，回来后又查看原来那款产品

情景再现

　　一名顾客在某商品柜台详细了解了一款产品后，对产品没有发表任何意见，声称要到其他地方再看看，导购促销人员没能挽留住。后来，该顾客又回来了，要求查看原来那款产品。

行为分析

　　一方面顾客为了对要购买的产品有更深刻的了解，另一方面很少有产品能完全满足顾客在产品自身、价格、售后服务等各方面的要求，这两者决定了购物过程中消费者普遍会货比三家。这种行为是合情合理的，体现了顾客在购物方面的理性。

　　顾客在光顾了几家商店后，会对各家的产品有一个综合的比较。经过几番考量，一旦认定某家的产品更适合自己，就会对这款产品重点考察。

话术模板

　　方法一　"（其他品牌或卖场有相同或者类似产品的情况）欢迎您再次光临。您就放心吧，我们这儿的产品质量没得说，价格也公道，来这儿的大部分都是老顾客，还有老顾客介绍过来的。这款产品卖得挺好的，就您离开这段时间还卖出去一件，现在就剩三件了，我这就给您包起来！"

　　★ 夸奖顾客易于消除顾客的防卫心理，然后对产品质量和价格表现出相当的自信，又提到主要的顾客为老顾客，从侧面表现出产品的优异，最后说还剩三件，利用顾客的惜失心理引导其成交。

　　方法二　"（产品为该卖场该品牌独有的情况）欢迎您再次光临，其实，我也和您一样买东西时喜欢货比三家，这样才能买到中意的产品。咱们这件产品是最新的款式，正适合您这种特别时尚的人。您再仔细感受下，要是觉着好，我这就给您开票去！"

　　★ 运用同理心肯定顾客货比三家的行为，然后解释该款产品为最新款，满足

了顾客追求时尚的动机，最后要求顾客再次感受，强化其购买的决心。

😦 错误提醒

错误提醒 1　"我就觉得你肯定还得回来！"

★ 莫名其妙，让顾客摸不着头脑。

错误提醒 2　"怎么样，还是这款最好吧？"

★ 导购促销人员的得意之情溢于言表，这会引起顾客的反感。

错误提醒 3　"我没骗你吧？别家的产品都不如这款！"

★ 贬损竞争对手，只会让顾客觉得该导购促销人员没气度。

技 巧运用

首先肯定顾客货比三家的行为，然后针对产品是否为独有产品采用不同的说服方法。

产品非独有产品的情况下，先列明自己所卖产品的优势，再综合运用顾客的从众心理和惜失心理主动要求成交。

产品为独有产品的情况下，以产品的新颖性和独特性为突破点，激起顾客的购买欲望，最后引导再次体验，强化其购买的信心。

万能话板

欢迎您再次光临……（因产品是否为独有产品而异）看您这么喜欢，我这就给您开票去！

Chapter 7

第 7 章
售后服务赢好评

好的售后服务可以为导购促销人员在推介产品时提供非常大的帮助，能够有效消除顾客的后顾之忧，大大推动销售工作的进程。而且，良好的售后服务可以帮助品牌树立良好的口碑，让老顾客乐于回头、新顾客放心消费，可谓促进销售的有力保障。

第 1 节　辅助购买

情景 77　指引顾客付款

情景再现

顾客看好了一款产品，导购开好单据，引领顾客来到收款台。

(1) 顾客："你们这里为什么不能刷卡啊？"

(2) 顾客："收款台怎么排这么长的队啊？"

(3) 店规允许的前提下，顾客将现金交给导购，让导购代为交款。

行为分析

乔·吉拉德终身难忘的一次教训是：一位顾客与他相谈甚欢，在他的介绍下顾客相中了一辆车，但最后对方却突然变卦拒绝付款。乔·吉拉德事后百思不解，于是给顾客打电话。原来，顾客在付款前兴致勃勃地谈起了他即将上大学的儿子，而当时乔·吉拉德却没做出任何反应，只是忙着开单据，忙着跟别人通电话，顾客一气之下决定不买他的车了。由此可见，顾客付款前的这段时间里，导购的态度与行为对交易的圆满达成有多么重要的影响。

顾客做出购买决定到完成付款的这段时间，是他们心理"斗争"最激烈的时候。买还是不买，值不值得买，是马上付款还是再考虑考虑……这个时候，导购不经意间的一个动作、一句话，甚至是一个眼神，都可能会让顾客改变初衷放弃购买，使交易功亏一篑。

话术模板

(1) 顾客："你们这里能刷卡吗？"

说法一　先生，很抱歉，我们这里目前还没有刷卡付款的服务。很多顾客都和您一样给我们提了意见，所以店里正在跟银行申请，下一次您来应该就可以刷卡啦。现金付款虽然没有刷卡方便，但还是更安全一些。需要我带您去自动取款机吗？很近的，就在店门口。

★ 先说明店里可行的付款方式和正在努力做的改进，然后轻描淡写提一下现金相比刷卡的优势，再主动询问顾客是否需要取现服务。

（2）顾客："收款台怎么排这么长的队啊？"

说法二 "现在过节嘛，店里促销活动多，大家又难得有时间可以购物，所以店里人确实挺多的。您单位也放长假了吧？"

★ 付款队伍长，再加上收银员效率低，顾客等候时间就长，这些问题很容易磨掉顾客的耐性。导购要巧为开解，并挑起一些话题来分散顾客的注意力。导购要注意避免挑选太隐私的话题，而应选择大众性的、趣味性的一些话题。

说法三 "排队的人多是因为买的人多，这不正说明我们的产品质量可靠让人放心嘛。我看您好像有急事，要不您跟我去右边吧，那里还有一个收银窗口，排队的顾客要少一些。"

★ 利用顾客的从众心理，化劣势为优势，将"付款队伍长"解释为"产品可靠受大众欢迎"，这样既坚定了顾客的购买决心，又化解了顾客不耐烦的心情。

（3）店规允许的前提下，顾客将现金交给导购，让导购代为交款。

"（导购接过现金，当着顾客的面点清数额、辨别真伪）先生，一共收您××元，请您稍等。（交完款，导购将单据与找零双手递给顾客）这是单据，请您保存好，这是找零，一共是××元，请您点一下，看数额都对吗？"

★ 导购在直接收款或者代顾客交款时，一定要将现金点清、辨明真伪，然后清晰报出数额，并得到顾客的确认，以避免发生不必要的纠纷和争执。

😟 错误提醒

错误提醒1 顾客决定要购买了，导购喜上眉梢，连声说："您的选择太明智了，眼光就是好，我们这个产品真是最好的，您买了绝不会后悔……"

★ 导购过度兴奋的情绪，以及对顾客、对产品的频频夸赞会让顾客产生疑惑与犹豫。

错误提醒2 顾客询问收款台在哪，导购向收款台方向随手一指："那儿。"

★ 导购不够热情，也不礼貌，与介绍产品时判若两人，会令顾客不满。

错误提醒3 导购给顾客开了单据，指引了收款台的方向后，迅速转身接待刚进店的新顾客。

★ 顾客会觉得导购前热后冷，目的性太强。

技巧运用

技巧一　导购在确定顾客的购买意愿后，一定要稳住情绪，礼貌地引领顾客付款，并帮助顾客排除付款过程中遇到的问题与困难。导购要尽量避免以下这些行为。

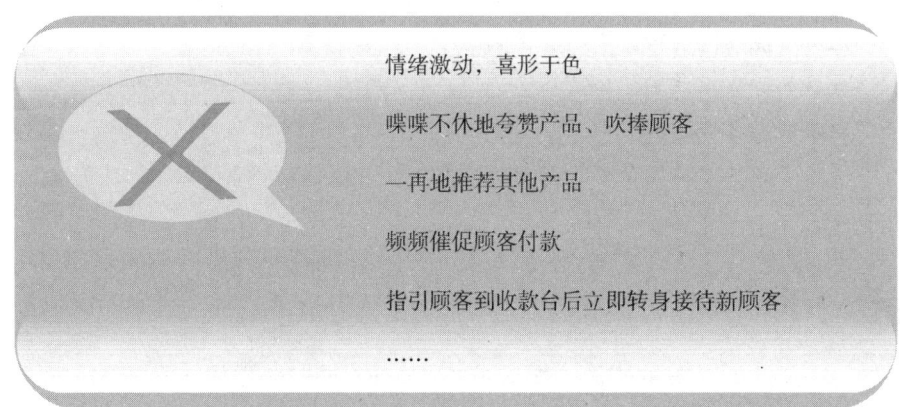

情绪激动，喜形于色

喋喋不休地夸赞产品、吹捧顾客

一再地推荐其他产品

频频催促顾客付款

指引顾客到收款台后立即转身接待新顾客

……

技巧二　导购在经手货款时为了防止差错和纠纷，必须遵守唱收唱付的操作流程，即 "一复三唱"：

★ 一复——复核顾客购买的产品型号以及价格；

★ 唱价——主动向顾客报出应收货款的具体数额；

★ 唱收——收下顾客货款时，要当面报出收下的数额，并得到顾客的肯定；

★ 唱找——找零给顾客时，要报出找零的数额，请顾客当面点清，并确认数额无误。

万能话板

请问您是用现金呢还是刷卡呢？

情景78　告知注意事项

情景再现

顾客付完款回来准备取自己购买的产品时，可能会问导购促销人员这些问题：

"这衣服能水洗吗？"

"洗涤的时候应注意什么？"

"这皮鞋怎么保养？"

"买回去出现问题怎么办？保修期多长时间？"

……

行为分析

顾客都希望买到物美价廉、称心如意的商品，同时获得良好的服务，当然也希望买回家的产品能够耐用，而不是三天两头就坏。因此，顾客对产品的使用、保养、保存方面的知识也有知情权。

即使顾客在选择阶段对产品已经有充分的了解，但在顾客买单后，导购促销人员仍有义务告知顾客产品的相关注意事项，尤其是产品的某些特性与其他产品有明显区别或需要特别注意时，更需要突出强调。这样既可以增强顾客的满意度，同时也表现出导购促销人员对工作和顾客认真负责的态度，给顾客留下美好的印象，为再次销售奠定基础。

话术模板

（1）产品使用注意事项

说法一　"大姐，这个产品我们建议您两天使用一次，请一定要按照我们的这套方法来使用，您看我给您简单演示一下……您拿一份我们的彩页吧，这上面有详细的使用介绍。"

说法二　"小姐，这件衣服是纯毛料的，您一定要记得不要用洗衣机洗，这样面料很容易变形，您拿到干洗店洗就不会出现这种问题了。"

说法三　"先生，这是产品的使用说明，您在使用之前一定要先详细地看看说明。这上面有两点很重要，我跟您讲一下吧……"

★ 导购虽然不用将产品所有使用注意事项——说明，但是一定要强调容易产生问题的关键事项。

（2）产品保养注意事项

说法四　"李姐，您一定要记得把产品放在阴凉通风的地方保存，这样不容易起霉斑，也不会产生异味儿。"

说法五　"先生，您不穿这套西装的时候，我们建议您用衣架把它挂起来，不要叠放，这样不容易起皱，每次穿就都能像现在这样笔挺精神了。"

（3）"三包"注意事项

说法六　"小姐，我们的产品您可以放心地使用，×天内出现非人为的性能故障，您都可以免费退货；×天内出现故障，您都可以免费换货；×年内出现问题，我们免费为您提供维修服务。这是'三包卡'，上面有我们详细的'三包'服务说明，请您一定保管好。"

★ 讲清楚"三包"的具体时间、期限，突出强调"非人为""性能故障"这些"三包"的前提条件。

（4）售后注意事项

说法七　"先生，您看，说明书的首页是我们的24小时客服热线，如果您在使用产品的过程中遇到任何问题，欢迎您联系我们，我们会在第一时间为您提供服务。"

说法八　"大姐，我们明天会把您买的产品送到您家，到时候需要您对产品进行查验，并签一个回执。您看我们几点送到比较合适呢？"

😞 错误提醒

错误提醒1　"先生，这是产品说明书，您要按说明来使用，不然出了问题我们不负责的。"

★ 顾客会想：现在还没出问题呢，你就开始推责任了，如果真出了问题我找谁去啊？

错误提醒2　"小姐，我们提供三包服务，7天包退，30天包换，一年内免费维修。"

★ 导购没有说明产品出了什么问题可以退货换货，如果出现人为损坏，那还执不执行"三包"政策呢？

错误提醒3 "您慢走，我们尽快给您送货。"

★ 导购没有与顾客约定具体时间，既会让顾客觉得心里没底，还可能出现货送上门顾客却不在的情况。

技巧运用

技巧一 主动告知。产品在使用、保养、保存等过程中需要注意什么、保修期多长时间等问题，导购促销人员一定要主动告知顾客，即使顾客之前已经有所了解或者在产品介绍阶段已经告知，在顾客离开前也要再次提醒顾客。

技巧二 导购促销人员仔细履行告知义务，可以让顾客正确安心地使用产品，还可让顾客特别注意那些特殊的事项，以减少很多本来可以避免的抱怨和投诉，减轻售后服务工作和投诉处理工作的负担。一般来说，导购需要告知顾客的注意事项如下。

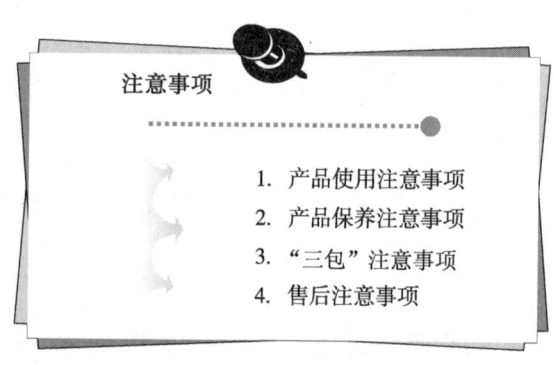

注意事项

1. 产品使用注意事项
2. 产品保养注意事项
3. "三包"注意事项
4. 售后注意事项

情景 79 推荐相关产品

行为分析

顾客完成一次购买，表明顾客与导购之间已经建立了一定的信任关系，在此基础上，导购可以尝试向顾客推荐其他的产品，以提高销售额，这一类型的销售可以称为连带销售。连带销售并不是完全无目的地推销产品，而是深度挖掘顾客的需求之后有目的地推荐合适的产品。导购应该把自己当成顾客的朋友，以顾客需求为出发点进行专业的推荐，这样才能提高连带销售的成交率。

连带销售的产品大致可以分为以下几个类别。

● **关联产品**：与顾客购买的产品相关联的配件、配饰、配套产品，比如，顾客买了手机，可以多推荐一块配套的电池；顾客买了衣服，可以推荐搭配的围巾、腰带、饰品等；顾客买了婴幼儿食品，可以推荐婴幼儿玩具等。

● **兴趣产品**：顾客在购买产品的过程中曾经留意过或者询问过的其他产品，以及导购根据顾客的购物特点和挖掘到的顾客信息推测判断出来的顾客可能感兴趣的产品。

● **其他产品**：促销的产品、新款的产品、特色的产品等。

话术模板

说法一　"先生，您买的这套正装穿上后给人的感觉真是不一样，把您的精气神全衬出来了。但是有个小建议，我说出来您别见怪，我觉得手机和钱包放在口袋里影响了这套服装的整体感觉，您看要不要搭配一个公文包呢？"

★ 陪衬法：为顾客推荐相关联的产品，给顾客一种锦上添花的效果，比较容易说服顾客。

说法二　"李姐，您看赵姐买的这套产品还不错吧？要不您也来一套吧，价格这么优惠，效果又有保证，买下来绝对不会后悔的。"

★ 家人朋友推广法：说服顾客的同伴购买，或者说服顾客为自己的亲人朋友购买。

说法三　"小姐，您买的这件衣服是188元，您看要不要配上一条手工刺绣的腰带，18元一条，我给您凑个整，就收您12块，您搭配看一下效果……不错吧，您看行吗？"

★ 补零法：选择合适的产品将顾客的购物金额凑成整数。

说法四　"先生，之前我们聊天的时候，您提到家里装修想换套厨具，我们正好有一套新款厨具刚刚上市，您要看看吗？"

★ 新品推荐法：根据顾客的需求和消费水平推荐店内的新产品。

说法五　"大姐，我们现在家居产品正在做促销，全单八折，我们开店那么多年了这还是头一回呢，您看要不我带您去家居那边逛逛？"

★ 促销推荐法：推荐店内热门的促销产品或者品类，吸引顾客购买。

错误提醒

错误提醒 1 "您再看看别的产品吧，这款怎么样……不喜欢这个啊，那边那款呢?"

★ 一款接一款地推荐，有"强行推销"的意味。

错误提醒 2 "您买的这款好看是好看，但是总感觉缺点啥，要配上这个饰品就更好了。"

★ 不要为了销售附加产品而贬低顾客之前购买的产品。

技巧运用

导购在进行连带销售时，要注意以下这些方面。

- 在顾客做第一件商品的购买决定前不要急切推荐其他产品
- 推荐自己非常有把握的产品
- 给出一个简单但足以打动人的推荐理由
- 推荐了产品之后不要多说话，耐心观察顾客反应
- 多提正面及支持性建议，让顾客觉得你关心他的切身利益

情景80 给顾客包装产品

情景再现

顾客付完款后，来找导购拿产品……

行为分析

　　顾客完成付款，代表了一次销售行为的基本达成，这时候顾客需要一颗"定心丸"，让他们确信自己的购买决定是明智的，产品和服务的质量是有保证的。为此，导购可以通过细致的服务来增强顾客的信心。包装虽然是一个小环节，但是如果用心去做，也能赢得顾客的信赖与好感。

　　在包装之前，导购一定要请顾客对产品进行查验，在顾客确认没有问题后再开始包装。包装要做到便携、省力、结实。现在的卖场一般不再向顾客提供免费的塑料袋，如果顾客要求用袋子包装产品，导购要耐心说明政策与规定，争得顾客同意后再采取适合的包装方法。如果顾客购买的产品可由卖场统一配送，导购也应主动询问顾客是否需要送货服务。

话术模板

　　导购："先生，请您查验一下产品吧，这里是三样配件……这是说明书……您看，如果没有问题，我这就给您包好。"

　　顾客："东西这么多，你给我个袋子吧。"

　　方法一　导购："先生，实在抱歉，您肯定也知道，现在不让提供免费的塑料袋了，我们为您准备了专门的环保袋，袋子很结实而且可以多次用。我看您东西这么多，给您拿个大号的吧，只需要一块钱，您看行吗？"

　　方法二　导购："先生，对不起，您也知道，现在都不让提供免费塑料袋了。我看您买的东西都很齐整的，我给您用绳子结结实实捆一下，拎着方便，也不用花钱买购物袋，您看成吗？"

　　方法三　导购："先生，我看您东西确实非常多，就算用大号袋子提回家也很费劲，幸好我们有免费的送货服务。我带您去服务台办一个送货手续，您留个详细的住址，我们稍后派专人为您送货，这样也省得您受累，您看好吗？"

错误提醒

　　错误应对做法　导购确认顾客完成付款后，将产品直接交给顾客，然后开始忙自己的工作。

　　★"一手交钱，一手交货"，导购完全忽略了顾客的感受。

　　错误提醒 1　"您要包装的话，大号袋子一块，小号袋子五毛，您要哪种的?"

★ 导购说话太生硬太直白，容易引起顾客的不悦。

错误提醒2 "给您绳子，您把东西捆一下，提着走不挺方便的吗?"

★ 为顾客包装产品只是举手之劳，却能让顾客省心省力，何乐而不为呢?

技 巧运用

导购替顾客包装产品时，要注意三点：一是包装要安全牢固，要能保护产品完整，避免碰坏或污损；二是包装后的产品要方便顾客携带；三是产品包装要整洁美观，要能符合或者提升产品的身份。细节之处最能体现导购的水平，精致的包装能展现导购的热心、专业与诚意。

情景 81　邀客办理会员卡

情 景再现

导购促销人员想为顾客办一张会员卡，邀请顾客填写一张基本信息的小卡片。

（1）顾客："填表好麻烦啊，我不要会员卡。"

（2）顾客："要填电话和住址啊，那算了吧，我不办了。"

（3）顾客："我不常买东西，办了也用不上。"

行 为分析

现在很多商场门店都建立了完善的会员制度，目的是拉近门店与顾客的距离，增加双方的信息沟通和情感沟通，巩固自己的消费群体，培养更多的忠实顾客。导购促销人员要为顾客办理会员卡，得到顾客尽可能详尽的信息，而顾客不乐意提供个人信息，甚至拒绝办理会员卡，此时其主要的心理顾虑有以下三点，如图7-1所示。

自我防范意识强

顾客怕自己的个人信息被泄露出去，被陌生电话骚扰等，影响个人的正常工作和生活

嫌麻烦

嫌办理会员卡的手续麻烦，不愿意写字，想尽快离开等

个人消费习惯使然

消费时对品牌等没有偏好，不会总光顾一家店或购买同一品牌的东西，或者当次购物经历只是偶然碰到自己喜欢的产品罢了，购物时不会计较优不优惠，会员卡对其没有吸引力

图 7-1　顾客拒绝办理会员卡的原因

话术模板

（1）顾客："填表好麻烦啊，我不要会员卡。"

说法一　"小姐，您可以只填写您的名字和邮箱还有您的生日，这样的话有新产品上市，或者有特价促销的时候我们可以给您发个邮件，您过生日的时候我们也方便给您寄个小礼物。另外，会员卡是可以享受九折优惠的，您请到这边坐下来填，好吗？"

（2）顾客："要填电话和住址啊，那算了吧，我不办了。"

说法二　"先生，您放心，我们年年都被评为'消费者最信赖的品牌'，我们绝对不会随便打扰您，也不会把您的资料泄露出去的。办会员卡是为了更好地为您这样的老顾客服务，以后您拿着会员卡来买东西可以打九折呢。"

（3）顾客："我不常买东西，办了也用不上。"

说法三　"没有关系，您可以和您的家人朋友一起用这张会员卡。现在很多地方都有我们的分店了，购物非常方便，带上会员卡到各个店都能打九折。年底了总会有一些小东西要添置，办个卡肯定用得上的。您说是吧？"

错误提醒

错误提醒 1 "就一张小表格，填起来不会多麻烦的。"

★ 顾客更关注会员卡的用处，而不是简单的填表的问题。

错误提醒 2 "办了会员卡您就可以享受更多优惠啦。"

★ 顾客会认为导购将他归类到了贪小便宜的行列。

错误提醒 3 "您不想办就算啦，很多顾客都喜欢用我们的会员卡呢。"

★ 这等于是在指责顾客不识相。

技巧运用

技巧一 要想说服顾客留下详细资料成为会员，导购促销人员必须提供可信的隐私保护的保证，并明确告诉顾客这些资料的具体用途以及顾客可能得到的好处，比如可以第一时间了解促销活动细节、可以获得详细的商品目录、可以获得生日与节假日的小礼物等，消除顾客的担忧与不信任。

技巧二 如果导购促销人员积极争取之后，顾客仍然不愿成为会员，也应礼貌地表达尊重和感谢。

情景 82 礼貌送客的礼节

行为分析

导购促销人员为顾客提供服务的过程，可以大致分为四个阶段，即待机阶段、迎接顾客阶段、接待顾客阶段和送客阶段。如果说迎接顾客是接待服务工作的序曲，那么送客就是压轴戏。送客这个环节是导购与顾客最后的接触时段，也是顾客最容易留下深刻印象的阶段之一。

顾客离开时，导购既要礼貌地送别顾客，同时要尽量地传达关于品牌、产品以及导购自身的信息，加深顾客的印象，为下一次销售做好铺垫。面对不同的顾客，导购要平等对待，同样地亲切热情，做到"买与不买一个样，买多买少一个样，买与退换一个样"。好的送客态度不仅会给顾客留下好印象，还能为顾客回购奠定良好的基础。

话术模板

说法一　"张先生，这是您买的衣服，这个是您落在试衣间的围巾，您慢走，欢迎您再来××品牌专卖店！"

★ 导购要留意顾客是否有遗落的物品，递交产品和落下的物品时要双手奉上。

说法二　"李姐，这是我们最新的促销海报，上面有我们下个月要促销的产品的价格和图片，我给您放在包装袋里，如果您朋友家人有看中的，请带她们来我们店，我给您最优惠的价格！"

★ 将载有产品信息的促销海报、产品宣传册送予顾客，并请顾客向家人朋友推荐。

说法三　"小姐，下雨天路滑，您路上当心。这是我的名片，我姓赵。您如果决定要买这款产品了，欢迎您随时联系我。"

★ 对于未成交或者无购买意向的顾客，导购也可以送给对方名片等，以便顾客有需要时可以记起自己。

说法四　"先生，谢谢您光临××品牌店！您慢走，欢迎再来！"

★ 突出品牌名称、公司名称、自己的姓名等信息，加深顾客的印象。

错误提醒

错误提醒 1　"您购买我们的产品是我们的荣幸，谢谢您的惠顾！"

★ 不要在顾客面前表现得太谦卑，或者过分感激。顾客买下了产品，我们提供了优质服务，顾客与导购之间是平等的。

错误提醒 2　"谢谢惠顾！您慢走！"

★ 礼貌，但是没有什么让人印象深刻的地方。

错误提醒 3　顾客还没离开，导购就开始急匆匆地收拾货架和产品。

★ 给顾客一种赶自己走的感觉。

错误提醒 4　未成交、未消费的顾客离开时，导购不理不睬。

★ 买卖不成情义在，这一次没买，下一次没准就买了。

技巧运用

送客的注意事项如下。

1. 留意顾客是否遗落了物品。

2. 赠送给顾客产品资料，请顾客推荐亲友购买。

3. 把名片留给顾客。

4. 再次传达企业和品牌信息。

5. 将顾客送离专柜或店面，顾客物品较多时帮顾客提至上车处。

第 2 节　应对抱怨

情景 83　售后维修服务太不及时了

情景再现

顾客："你们维修部怎么搞的啊，我报修都三四天了，你们老说忙，还没修好，不知道你们怎么办事的！你们再修不好我就投诉啦！"

行为分析

顾客购买的产品出现质量问题影响了正常使用，这本来已经让顾客挺失望与不满的，如果售后维修服务还不及时、不到位，必然会导致顾客对产品品牌产生怀疑与不信任。售后维修服务不及时主要是由产品的特性以及维修人员的服务意识淡薄造成的，在处理这类问题时，导购不能认为这是维修人员的责任从而推脱逃避，而是要代表同事承认错误，并给出合理的解释以及切实可行的解决方案。

话术模板

说法一　"先生，我替我们维修部的同事跟您道歉。是这样的，现在天气冷了，我们维修部接到了很多用户报修，人手有限，所以没有及时给您修理好。我刚跟维修人员强调了，您的产品必须在两天之内修好。我知道您这么生气也是因为这么冷的天气没有这产品实在是难熬，您看这样好吗，您先带一台样机回家用着，后天您这台修好了我立刻给您打电话，可以吗？"

★ 导购的回答突出"强调""必须"这样的词，让顾客感受到导购的重视与负责任，这样顾客才能安下心来，然后导购再提出补偿的方案，顾客会比较乐意接受。

说法二　"小姐，非常抱歉，耽误您的正常使用了。您的事情我问清楚了，是这样的，我们的维修人员注意到您已经是二次报修，而且是出了同样的问题，所以他们决定不选用国内的配件，而是直接从国外的原产地调配件过来，以确保不再出同样的问题。上次您打电话问的时候师傅们比较忙没有解释清楚，他们嘱咐我一定要向您说对不起。现在配件已经调过来了，我们还需要两天的时间，修好了我们一定立即送到您家，您看这样行吗？"

★ 导购可以恰当地"渲染"维修人员的一些工作细节，让顾客感受到企业员工的细致、负责和对质量的精益求精，从而消除不满和抱怨。

☹ 错误提醒

错误提醒 1　"我们维修中心每天都接到很多报修，所以没有及时为您服务。"

★ 顾客会想：你们产品是不是很差劲啊，这么多要维修的？

错误提醒 2　"我负责销售产品，维修不是我的问题。"

★ 推脱责任，容易惹恼顾客。

技 巧运用

导购一定要对自己的角色有清晰的认识——导购的职责不仅仅是销售产品，还要做顾客与企业之间沟通的桥梁。导购不负责售后维修，但是如果顾客反映维修网点技术人员的技术水平或者服务意识等方面存在问题，导购有义务向公司反映情况并提出建设性意见。同时，向顾客解释原因时，导购要巧妙委婉地表达，不能将售后维修部门的问题与困难直接告知顾客，这会严重损害顾客对企业和品牌的看法。

情景 84 售后维修服务收费太高了

情景再现

顾客反映："我家的××产品坏了，你们的维修人员上门来检查了一下，说是过了保修期，就给我开了四百多元的单子，什么换零件、上门费、检测费，一大堆费用，怎么这么贵啊？我们小区的维修点都比你们便宜！"

行为分析

企业的售后维修服务一般通过两种形式来实现：一是企业自营的维修部门，一是外包的特约维修网点。企业自营的维修服务一般都有明确的收费标准，而特约维修网点在承担产品售后服务的时候，有可能变相提高配件及维修费价格，从中获取更多利益。这种乱收费现象直接影响的是企业和品牌在顾客心目中的形象。因此在处理这类问题的时候，如果收费是合理的，导购一定要向顾客解释费用高的原因；如果确实存在乱收费现象，导购要向顾客致歉，并立即向公司反映，同时监督维修人员尽快对顾客的产品进行维修，并按标准收取费用，对顾客的及时投诉和反馈，导购要诚恳道谢。

话术模板

说法一　"先生，您别着急，我刚仔细询问了去您家维修的同事，事情是这样的：产品过了保修期后，我们上门维修是要收费的，这个您肯定了解。您提到维修费用很贵，这是因为您这款产品现在已经不生产了，重要的零件都需要定制，所以价格要高一些。维修师傅们上门检修一般要花上半天时间，因此收取了 25 元的上门费和 30 元的检测费。我们的上门检修服务完全是为了方便顾客，绝不是为了赚钱，所以，您放心，我们绝对不允许乱收费，还请您多多理解。请问您还有其他建议吗？"

★ 将费用明细一一说明，解开顾客的疑义，强调"绝对不允许乱收费"，让顾客安下心来。

说法二　"先生，非常抱歉，事情是这样的：我们公司的售后服务是外包给特约维修网点的，公司针对配件和服务也设定了严格的收费标准。接到您投诉后，我们调查发现，为您提供服务的这个网点确实存在乱收费的现象，公司已经给了这个网点严重警告。因为我们监督不力给您带来了不愉快，请您原谅。为了感谢您对我们这么信任这么支持，公司决定派我们金牌维修网点的师傅为您提供上门维修，并且由我们来承担全部费用，您看这样可以吗?"

★ 顾客及时反映了问题，导购可以在公司认可的前提下为顾客提供超乎预期的服务与补偿，从而获得顾客的完全信赖与满意。

😞 错误提醒

错误提醒1 "您觉得收费多少才合适啊?"

★ 顾客当然坚持费用越少越好，这样的问题很容易引起争执。

错误提醒2 "我们的收费标准有物价批文!"

★ 语气过于强势，让顾客难以"下台"。

错误提醒3 "那些维修人员不是我们公司的，是外包网点的，我们管不着他们。"

★ 推卸责任，会加深顾客对企业的坏印象。

技 巧运用

投诉的顾客是最高明、最有效的企业咨询师。他们能够指出企业的弊病与问题，而且绝对一针见血；他们能够指导企业改革与发展的方向，而且绝对高瞻远瞩；他们能够提供无数建设性的创想与建议，而且绝对分文不取。

当顾客说"我对你们太失望了"的时候，他们其实是在说"我还是喜欢你们品牌，我对你们企业还抱有信心"；

当顾客说"你们怎么这样对我"的时候，他们其实是在说"我不是一个人，我代表的是一群人"；

当顾客说"你们这儿有问题，那儿也不对"的时候，他们其实是在说"你们一定要解决这些问题，这样你们才能获得更好发展"；

当顾客说"你们为什么不这样做呢"的时候，他们其实是在说"这是个不错的点子，以后是有大市场的，我没告诉你们的竞争者，只告诉了你们"。

……

导购在接待抱怨投诉的顾客时，不要被他们暴躁的情绪所吓倒，更不要被他们冲动的语言所激怒，一定要看到顾客暴燥、冲动的外表下掩藏着的对企业真诚的期望、信任与支持。看到了抱怨与投诉的本质，导购才能更自信、更专业、更热情地服务这些"可敬可爱"的顾客。

情景85 "三包"期限过了就不能退换货吗

情 景再现

顾客购买的产品出了质量问题，但是已经过了"三包"的期限，按照规定是不能退换的。顾客却说："我买了产品之后就出差了，回来一用才发现坏了，买的时候也没人告诉我什么'三包'啊，这我多亏啊？规定是死的，人可是活的！之前因为看好你们品牌我才买的，要知道你们产品质量这么差我压根就不会买！"

行 为分析

无规矩不成方圆，但是我们不能遇到任何情况都完全按照规矩来办事，这样只会显得我们刻板冷漠，不利于与顾客建立良好的关系。就像这位顾客所说的那样，"规定是死的，人可是活的"，有些情况下导购应该站在顾客的角度想一想，尽量为他们排忧解难，勇敢承担起我们可以负担的损失。这样可以将抱怨投诉的顾客转化为忠实顾客，而之前我们所吃的"亏"也就变成了一种长远而又超值的投资了。

在这个案例里，导购要考虑几点：第一，顾客购买的时候我们是否履行了告知的义务，是否详细说明了"三包"的规定；第二，顾客是否有特殊原因导致他们错过了"三包"时限，比如顾客出差就是一种非主观的原因。如果是这些因素导致了顾客没有及时来退换货，那么导购在经上级许可后可以灵活处理，为顾客办理退换货或者予以维修等。

话 术模板

说法一 "小姐，天气这么冷还麻烦您跑过来，确实非常抱歉。您是因为出差才耽搁的，我特别能理解您现在的感受，您想要换货当然可以。现在，情况是这样的：这一款产品销售得特别好，您看我们的库存单，已经没货了，下一批货调过来还得三天左右。您看这样好吗，这款产品是外壳有破损，我今天就联系我们的售后工程师上门为您的产品更换全新的外壳，您先试用一下，如果觉得还是不满意，您只要给我一个电话，我立马给您换货，这样可以吗？"

★ 先充分道歉，表达认同感，让顾客情绪保持稳定，然后诚恳地提出换货的困难，再讲明维修的方便并做出可随时换货的承诺。顾客大都会选择快速有效的解决方案，因此一般会更倾向于维修。

说法二　"小姐，您的这款产品已经超过了三包期限，按规定是不能换的。但是考虑到您是因为出差才耽误了，而且产品又确实存在质量问题，这样吧，我先跟经理联系一下，您稍坐好吗？（与经理沟通，取得授权）小姐，我们经理认为您的情况确实比较特殊，对我们品牌又那么支持，他交代我一定要带您重新选一款新的，请您试用没有问题后再交给您，经理说绝不能再让您失望一次。请您跟我到这边试机子吧……"

★ 充分表达对顾客处境和心理的理解，然后借经理的口来恭维顾客，并强调公司上下对顾客的重视和歉意，重新赢得顾客的信任。

😞 错误提醒

错误提醒1　"你出差跟我们有什么关系啊，谁知道你出没出差啊？"
★ 有暗示顾客在撒谎的意味。

错误提醒2　"国家规定的'三包'，又不是我们定的，找我们也没用啊。"
★ 得了理就不饶人。

错误提醒3　"对不起，这是我们店的规矩，过了'三包'不给退换的。"
★ 店规是用来服务顾客的，不是用来监督和限制顾客的，这样说不但解决不了问题，还会加深误会和不满。

技 巧运用

技巧一　导购处理问题一定要灵活机动，不能墨守成规。制定店规是为了规范导购行为，规范导购行为是为了更好地服务顾客，因此店规最终还是为顾客服务的，不是导购用来拒绝顾客的借口。

技巧二　损失最小化原则：同一个投诉问题，会有多种解决方案，导购的职责就是在顾客满意的基础之上，选择成本最小损失最小的方案。比如说产品能维修的就尽量不换货，能换货的尽量不退货，顾客坚决不同意维修与换货时再退货。

情景 86 我购物凭证丢了就不让退换吗

情 景再现

顾客带着出了问题的产品上门来，要求退换货，这件产品在其他店面也很常见，没有特殊的标示，导购礼貌地询问顾客是否带着购物小票或者发票，顾客回答："我的小票丢啦，丢了就不让退吗？"

行 为分析

不管是导购个人还是导购所代表的企业，在投诉这个问题上，想得最多的应该是"顾客为什么会投诉"，但是事实上，还有一个问题比这个问题更重要也更值得思考，那就是"一百个不满意的顾客里只有四五个来投诉，其余的九十多位为什么不投诉"。一般来说，顾客不愿意投诉的主要原因如下。

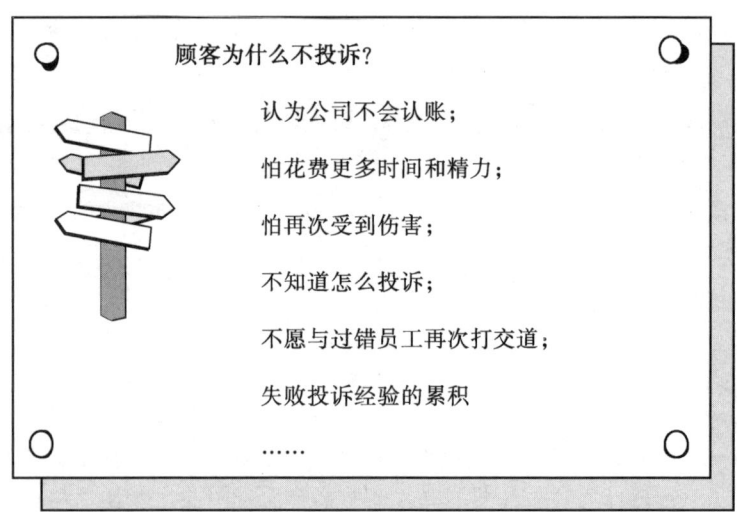

其中，"认为公司不会认账"是阻碍顾客投诉的最重要的原因之一。在这个案例中，一般情况下人们都知道，要退换产品尤其是常见的没有特殊标示的产品时，

是必须要有购物凭证的。顾客没有购物凭证，明知道公司很有可能不认账，但还是上门提出要求，这说明顾客对这个企业是抱着希望的。导购要充分读懂顾客的这种心理和期望，这样在处理这类问题时就会多一些"人情味"，不至于太死板。

话术模板

说法一 "先生，您别着急，购物小票丢了也是很正常的，幸好我们每天都保存了销售记录，请问您是哪天买的呢，您当时留的名字或者电话是？（顾客告诉了导购这些信息，导购经过核实确实有这位顾客的购买记录）先生，您放心，我查到了您的购买记录，只要是我们这里出售的东西，出了问题我们绝对负责到底。先生，您是想换与原来一样的产品，还是换一款不一样的呢？我可以给您介绍一下……"

★ 如果有销售记录可查，导购可以进行核实，这样严谨与细致的工作系统会加深顾客对企业和导购的好感。在建立了这样的感情基础后，导购可以引导顾客看其他产品，顾客如果在导购介绍下更换了更高价位或者利润更高的产品，也就代表导购成功地将一次投诉转化成了一次新的销售机会。

说法二 "（经过导购多方核实，确定这款产品不是自己店面出售的，或者不确定是否是自己店面所售）先生，非常对不起您，这种情况以前真没遇到过。听您说话就知道您是个坦率的人，大老远地跑来绝对是认真的，要不您稍等一下，我去管理中心跑一趟看您这个情况能不能退，好吗？（导购十分钟后回来）先生，非常抱歉，没有购物小票我们真的办不了。我是真心想帮您把问题解决了，您看这样好不好，您的产品是××处有一点问题，我现在就请我们的售后工程师过来维修，您说这样可以吗？（顾客同意）谢谢您的理解和支持，先生，我们的维修师傅稍后就来，我先陪您四处逛逛吧……"

★ 先要用赞美和认同来打下铺垫，然后用行动表明自己的诚意与困难，在顾客态度松动的时候主动提出维修，顾客会比较容易接受。最后，如果顾客对这种处理方式比较认可，可以利用维修的时间带顾客参观卖场以寻找"再销售"的机会。

**错误提醒**

错误提醒1 "这是在我们这里买的吗？现在到处都可以买到这个。"

★ 相当于在指责顾客撒谎欺骗。

错误提醒 2 "这个也不贵，坏了您再看一个呗。"

★ 顾客会把这话理解成：你真小气，坏了再买一个也花不了几个钱。

错误提醒 3 "我也没办法，没发票退不了。"

★ 导购没有帮顾客去争取就下结论，顾客会认为导购在敷衍、在逃避。

技巧运用

技巧一 一定要让顾客看到你为他们付出的行动和努力。假如解决顾客投诉的方案有 A 和 B 两种，其中顾客坚持 A 方案，因为这个方案对顾客最有利，但是企业要吃不小的亏；B 方案企业损失较小，但顾客勉强才能接受。导购想最终实施 B 方案，但是又想让顾客满意地接受，怎么做好？导购可以先对顾客的 A 方案表示充分的理解和认同，表示自己愿意为顾客全力去争取 A 方案，并要让顾客看到并感受到导购的实际行动和努力；然后导购再诚恳告诉顾客 A 方案行不通，并建议 B 方案，这样顾客接受起来要容易得多，也要乐意得多。

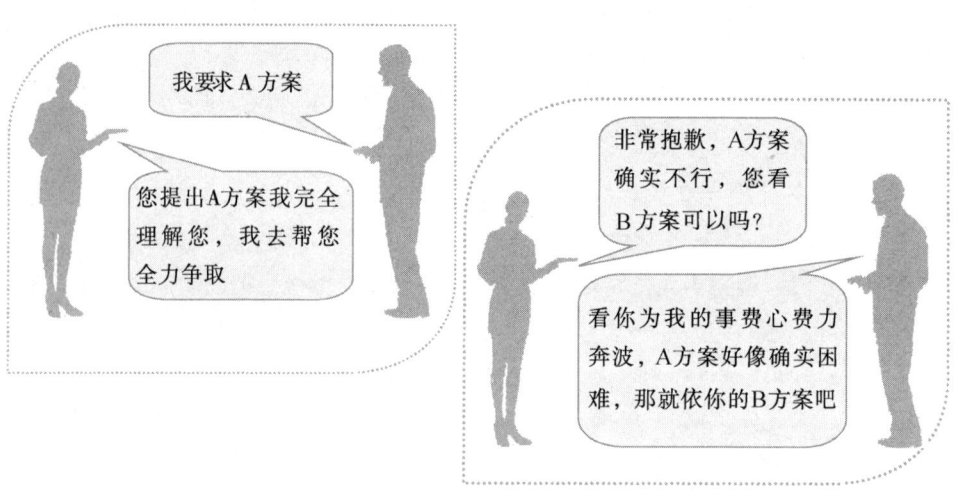

技巧二 巧妙地将顾客投诉转化为商机。这种"商机转化"有三个层面的意思：第一，对于顾客投诉较多的问题，导购可以整理并汇报给企业，这样可以根据顾客的要求与实际存在的问题对产品或服务进行改进或者创新，以吸引更多顾客；第二，导购可以通过赠送顾客打折卡、会员卡、购物券等方式来推进下一次销售；第三，导购如果在处理投诉的过程中了解到了顾客潜在的需求，可以抓住机会，引导顾客去了解适合的产品——当然这样做是有前提的，那就是顾客的投诉得到了圆满的解决，或者顾客对导购有了充分的好感与信任。

情景 87　我按说明操作的，结果还是出问题啦

情景再现

顾客带着产品来到店内，把东西往导购面前一推，很不满地说："你们这个东西又贵又不好，我一步一步完全按说明来用的，结果还是出问题了，太让人失望了！"导购迅速热情地接待了顾客，一边耐心向顾客了解事情经过，一边在工作日志上做笔记。经过质检同事检查，发现确实是产品出现了问题，顾客立刻嚷起来要求退货退钱……

行为分析

顾客在购买一样产品的时候，都会综合自己的需求，以及为购买产品所付出的成本与精力，还有导购的介绍与承诺等信息，对产品形成一个期望价值，而顾客买下产品投入使用后又会获得一个实际感受价值。顾客的期望价值与产品的实际感受价值之间的差距就决定了顾客的满意程度。具体如下图所示。

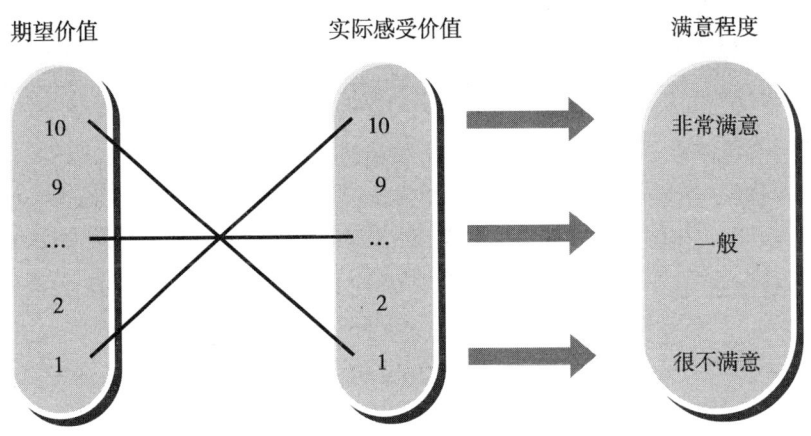

当实际感受价值低于期望价值的时候，顾客就会产生失望、不满、不信任甚至愤怒的情绪，也就是说顾客内心的价值天平失去平衡了。这时候，导购需要在实际感受价值这边的天平上加上一个"补偿价值"的砝码，让天平能够重新平衡，

甚至向顾客期待的那一侧倾斜。这个"补偿价值"既包含对顾客心理上的安抚，也包括实质性的物质补偿。（如下图所示）

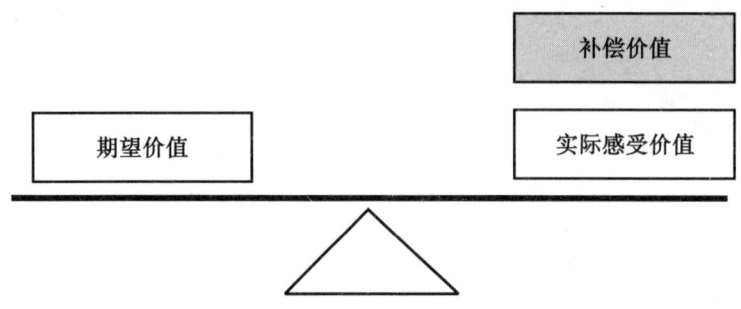

话术模板

导购："先生，真的很抱歉，我们发货的时候没有认真检查，这款产品确实存在质量问题，您要求退货退款我非常理解。您看，现在这季节天这么冷，家里要是没有了这个还是挺不方便的，您当时买下它，一来是真的需要它，二来也是相信我们品牌，对吧?"

顾客："以前相信，现在不敢信了!"

导购："是我们的不对，实在抱歉。您看这样好不好：这台坏的您就留在店里，我马上请同事送一台新的到您家，您先用十天，如果十天里这台新的也出现问题，或者您还是不喜欢，您只要给我一个电话，我立即去您家把产品取走，并且当天就给您分文不少地退货款。您看行吗?"

顾客："这……"

导购："我们 A 品牌现在之所以做出了点名气，说到底还是像您这样的老顾客帮衬起来的，让您碰上这种质量问题我们觉得很对不起，真的希望您能再给我们一次机会。"

顾客："那好吧，我用用看，不好我还退!"

导购："真的太谢谢您了。这是一张贵宾卡，是我们专门为累计购物金额超过两万元的顾客准备的，可以享受八折的优惠。您今天给我们指出了一个质量问题，我们可以对产品进行优化，您的这条意见比五万元、十万元都宝贵，因此我想请您收下这张贵宾卡。年底了家家都会添置不少东西，这张卡能派上很多用场。"

顾客："谢谢。"

导购："该说感谢的是我们，谢谢您的支持，现在您跟我去试一下新机子吧……"

★ 抓住顾客的需求来强调产品的价值和补偿品的价值，真诚致歉，多多赞美，既要让顾客消除不满，又要尝试将企业损失降到最低。

错误提醒

错误提醒1 "我给您换一台新的行吗？"

★ 顾客对品牌和质量还有很深的疑虑，疑虑不消除，顾客即使换货也不安心。

错误提醒2 "我们是大品牌，产品都是有保证的，这一款只是个例外。"

★ 顾客会想：既然有保证我怎么还买到了有问题的？

错误提醒3 "哪一家企业的产品能做到一点问题也没有啊？"

★ 顾客会认为导购对质量问题不重视，进而会对品牌产生难以消除的质疑与不信任感。

技巧运用

技巧一 接待投诉顾客时，导购可以用上纸笔来做记录，这样做的好处是：一方面，导购可以保持清晰的思路，既可以随时捕捉顾客提出的要点，又不会受顾客思路的影响；另一方面，顾客会从导购做笔记这一行为感受到导购的认真负责与关注重视，这有助于平缓他们的情绪。

技巧二 为顾客提供超乎意料的"超值服务"。顾客来投诉，一般心里都有一个期望的解决方案，比如这个案例中的顾客，他的最高期望是"退货退款"，导购的做法就是用"换货"外加"十天包退"的方案来满足顾客的最高期望，然后用赠送贵宾卡给顾客以意料之外的惊喜，这样，顾客的心理就由不满提升到满意再提升到了非常满意的层面，投诉的顾客就这样发展成为了品牌的忠实顾客。

技巧三 巧用赞美与恭维来缓和气氛，平息顾客的情绪。比如，面对嗓门大、脾气暴的投诉顾客，可以说"一看您就是个性情豪爽的人""一看您就是个说一不二的痛快人"；对于主妇类型的顾客，可以夸她"一看就很会持家""听您这么说就知道您是个好妈妈"；对于匆匆忙忙的顾客，可以恭维他们"时间宝贵"；对于喜欢挑问题、提意见的顾客，可以赞美他们"意见珍贵""站得高看得远"等。俗话说"伸手不打笑脸人"，对于满腹怨气的顾客来说恰当的赞美和恭维是最好的一剂"去火药"。

情景88　顾客蛮横无理要求退货，不退不离店

情景再现

顾客带来了不久前购买的产品，说是有严重的质量问题，经过专业质检人员的检查发现，产品确实出现了问题，但是是由人为破坏引起的，而当时产品出库的时候，客服人员、导购以及顾客本人都对产品进行了仔细的检查，确认没有问题顾客才带走了产品。因此，店方不同意退换货，顾客开始大吵大嚷起来，要求见店长，不退货绝不离店。

行为分析

顾客蛮横无理情绪激烈通常是在两种极端的情况下出现：一种情况是主要责任在店方，顾客因为自己利益受损而大动肝火，这种情况下只要店方诚恳迅速地解决问题，顾客的情绪是会渐渐缓和下来的；另一种情况则是店方并没有过错，但是顾客又不愿承担损失，虽然不占理，但还是抱着侥幸的心理，想通过大吵大闹的方式让店方分担一部分或者全部的损失。这一类"有意刁难"的顾客是极少数的。

导购面对这种极端的顾客，有两种处理方法：一是坚持原则，用确切的事实和证据礼貌地拒绝顾客过分的要求，维护企业的利益；另一种方法则是做出让步，满足顾客的部分或全部要求。因为绝大多数的顾客都是讲道理、懂道理的人，如果他们看到导购对无理取闹的顾客都能有礼有节、让这样的顾客都能满意而归，那么他们就会觉得，企业连蛮横无理的顾客都能善待，那么当他们的产品或者服务出现问题的时候，企业一定会给予更优质的服务。

话术模板

顾客："不退货是吧？不退货我就不走了，看你们怎么做生意！我有的是时间，你还不够资格跟我谈，把你们店长叫出来！"

导购："先生，我能理解您的感受，东西刚买不久就坏了，换了谁都不会舒服。您想解决问题，我想让您满意。您现在情绪有一些激动，我说什么都可能会

惹您不高兴。是这样的，今天店长去××考察新产品去了，现在大冷天的您跑来跑去也特别受累特别辛苦，您看能不能给我留一个地址，我们店长中午回来，下午我和店长一起去拜访您好吗？"

（顾客如果同意，导购可以礼貌将顾客送走，然后与店长商议出方案再按约定时间拜访；顾客如果不同意，仍然在店里吵闹，导购可以这样做）

说法一 "先生，您先平静一下，听我讲几句话。只要我们的产品出现非人为的质量问题，我们绝对都会负责到底。现在主要就是一个问题谈不拢，我们认为产品出库时是好的，您觉得您买下产品时就是坏的，是我们的质检人员在维护自己人。这个问题其实很好解决，我们可以一起去质检部门做个检测。我看您今天特别累，要不您先消消气，回家休息一下，明天我和店长再去拜访您，登门向您道歉，您看行吗？"

★ 保持镇定和礼貌，先强调企业对产品质量问题的负责态度，然后冷静地提出解决方法。导购不卑不亢、有理有据，又给了顾客"我们明天登门向您道歉"的台阶下，顾客在不占理的情况下，一般会放弃"检测"的方案，顺坡下驴。

说法二 "先生，您的情况确实特殊，要不您稍等一下，我跟店长联系一下好吗？（顾客同意后，导购与店长沟通确定方案）先生，我们店长说以前从来没有过这种先例，但是产品变成这样，不管是怎么坏的，您肯定比我们还要心疼，当时那么多品牌您只选择了我们，就是信任我们，因此店长同意给您换一台，还嘱咐我带您试好机子再让您带走。您跟我来试产品好吗？"

★ 如果顾客态度强硬，并且影响恶劣，可以采取退一步的方案，满足顾客的要求。导购的理解与礼节，使本来就理亏的顾客得到了尊重与满足，顾客满意的同时也会心怀歉意，这样顾客会对这个品牌更加信赖、更加支持。

😟 错误提醒

错误提醒1 "你爱怎么闹就怎么闹，反正我们没错，产品不能退！"

★ 听之任之，会严重影响店堂的生意和形象。

错误提醒2 "您别这样吵啊，我们还怎么做生意啊？"

★ 顾客会抓住导购的顾忌心理闹得更加厉害。

错误提醒3 "您别这样嘛，我马上给您找店长。"

★ 一出问题就搬出上级，显露了导购的怯意，让顾客更加无所顾忌。

技 巧运用

技巧一 当顾客情绪非常激动，对店方提出的任何方案都不能理智选择的时候，导购应该诚恳礼貌地向顾客建议换时间换地点来谈，一定要提出具体的时间和地点，让顾客不觉得是在敷衍他（她）。一般情况下，顾客已经在店堂发泄过情绪，因此第二次商谈的时候会相对理智，有利于问题的解决。

技巧二 为顾客找好"台阶"。当顾客无理取闹的时候，导购这方虽然占着理，但是切忌得理不饶人，与顾客硬碰硬，这样只会让矛盾更为激化。相反，导购一方面要有理有据地暗示顾客无理取闹是得不到法律支持以及公司的任何补偿的，另一方面应该为顾客找好"台阶"，为他们提供一个不伤颜面、细心体贴的折中方案，这才是理智的做法。

技巧三 舍得舍得，有舍有得，舍得吃亏是一种大智慧。遇到无理取闹的顾客，如果他们坚持自己的要求，不接受其他任何方案，那么导购可以与上级沟通后满足顾客的一些要求。导购对待这类顾客的态度最能体现这个企业的素质与水平。企业会有一些损失，但同时也会赢得更多顾客的欣赏与信赖。

情景 89 说好两天内送货上门，一个礼拜了还没影呢

情 景再现

顾客急冲冲地闯进卖场，愤怒地对导购嚷嚷道："你们承诺 48 小时送货上门，可这都过了一个礼拜了还没影呢！这产品我不要了，你们退钱吧！"

行 为分析

顾客为什么有抱怨？为什么要投诉呢？一般来说，其最终目的主要如下图所示。

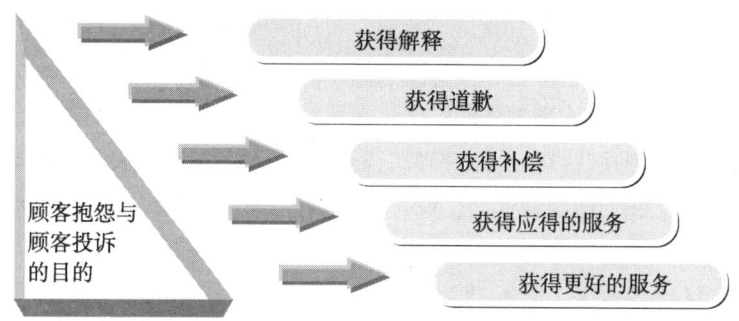

在上述场景中，顾客投诉的初衷就是希望得到"应得的服务"和"解释"。送货不及时是经常出现的问题，导购人员也无法控制。但是，导购人员要记住：顾客既然选择了这款产品，说明一定是自己喜欢或者是经过深思熟虑才决定购买的，他们说"这产品我不要了"，并不是在否定自己之前喜爱或者看好的商品，而很可能是在发泄愤怒和不满。因此，遇到此种情况，导购人员不要过多地担心"顾客要退货（要退钱），我退还是不退"这一问题，而要将心思放在两件事情上：一是安抚顾客情绪，二是迅速查明原因，解决送货问题。

话术模板

（导购必须立即放下手头工作，如果正接待新顾客，可以跟新顾客道歉并请求离开一会儿，或者将新顾客交给同事接待，然后面带微笑并快速地走向投诉的顾客）

导购："您是王先生吧？我记得您，您上周在我这里买的东西。您别着急，来这边坐，告诉我发生什么事了，我来帮您解决。"（引导顾客离开店堂，到安静的休息区，请顾客坐下并端上茶水）

顾客："当时你们说好了48小时送货上门，一个礼拜了还没影呢！你们也别送了，我也不要了，你们退钱吧。"

导购："王先生，非常抱歉，因为我们工作不仔细给您添麻烦了，让您等了那么久，还大老远得跑来一趟。您先坐一会儿，我现在就给客服部门打电话，把原因问清楚，您看行吗？"（顾客同意后，导购可以当着顾客的面打电话，将原因问清楚）

导购："真的对不起您，王先生，我们送货的同事把产品送到了您家，但是家里没人，我当时也疏忽了，忘记留您的手机，所以他们就把产品又运回来了，就这样耽搁了您一周的时间。真的非常抱歉，您希望我们怎么做好呢?"

顾客："我退货!"

导购："王先生，我理解您的感受，是我们的错，您提这个要求不过分。如果您坚持退货，我现在就可以给您办理。我还记得一周前您来看产品时，真的是满心欢喜，很中意我们的这款产品，而且当时做促销，比现在正常的价格便宜三百多块呢。能遇上自己喜欢的东西，价格上也划算，这也是您跟这产品的一种缘分。您看这样行不，您今天大老远过来又辛苦又破费，您往返的路费我来掏，过错在我嘛，我记得上次您看上了另一款产品的赠品，这回我也给您包好一起送给您，现在我就让我们客服的同事立刻给您送货，您看可以吗?"

（顾客同意后导购要再次致歉、致谢，并将顾客送出门或者送上车，在客服部门将货送达后，应打电话询问顾客是否收到，以及验收时产品是否有磕破损伤等情况，三天后再次致电顾客询问产品的使用情况）

★ 迅速接待，仔细倾听，立即查证，妥善处理，跟踪服务。

错误提醒

错误提醒1 "送货是厂家负责的，跟我没关系啊。"

★ 推脱责任，激怒顾客。

错误提醒2 "我们把货送到您家啦，没人在啊，只能拉回来啦。"

★ 把责任往顾客方面推，顾客会更加不满。

错误提醒3 "您别急嘛，现在送不就行了吗? 都买了单的产品哪能退啊。"

★ 不重视顾客的要求与感受，有不以为然的意思。

技巧运用

技巧一 记住老顾客的名字，至少记住他们的姓，最好能记住他们购买时的情景。导购可以通过每天记录销售日志来巩固这些信息和场景。当老顾客上门投诉的时候，你能张口就叫对他（她）的名字，能说起当时购买的一些细节，顾客会惊讶，更会感动，他们会想：这导购没把我当过客，而是把我当朋友了。这样，顾客的不满和怨气即使爆发也会爆发得"温柔"些。

技巧二 顾客上门投诉时，一般都是在营业时间，情绪也是极不稳定的，为了尽可能减少投诉的负面影响，缓和投诉顾客的情绪，导购要做好以下三点。

> ## 待 客 三 步 曲
>
> ● **转场**　　想方设法带顾客离开销售店堂，到独立的安静的场所，减少投诉顾客与店内其他顾客的接触，一来不影响店内顾客继续购物，二来可防止投诉顾客以其他顾客为依仗，大提条件大闹店堂
>
> ● **落座**　　想方设法让顾客坐下来，人站着时容易激动和愤怒，坐下来后，情绪相对要放松些，这样有利于双方接下来的沟通
>
> ● **上茶**　　想方设法让顾客接下你端上的茶水或者你敬的烟

技巧三　　处理顾客投诉一定要注意三个原则。

> ## 处 理 顾 客 投 诉 的 三 个 原 则
>
> ➤ **快速原则**　　　顾客投诉无不希望能得到同情、尊重和重视，导购如果拖延或逃避无异于"火上浇油"。因而处理投诉的第一原则就是"快速"：快速接待，快速找到责任人，快速查实问题，快速妥善处理。快速能展现导购对顾客投诉的重视与诚意
>
> ➤ **主动原则**　　　导购在了解确认了事情经过之后，如果确系己方的责任，那么导购应在职权范围内主动提出解决方案来，如果超越了自己权限，也必须和上级请示，快速主动地拿出方案，不能等到顾客不停催促"你们打算怎么办"时才被动地应对。主动能体现导购的负责与真诚
>
> ➤ **有始有终原则**　　　导购与顾客就解决方案达成一致，顾客离店后，投诉处理工作却并未结束。导购一方面要适时联系顾客，询问他们对投诉处理是否满意；另一方面要分析总结投诉的原因与处理对策，对工作进行检讨和改进，避免类似问题再次发生

情景90　促销员当时吹得好，其实一点儿效果也没有

情景再现

顾客对导购说："你们的促销员就是吹得好，说有这功能那功能的，上次骗我买了这个，结果一点儿用都没有！你们给我退货！"

行为分析

顾客之所以购买，是因为产品所具备的功能或者导购员、促销员所宣传的产品功能能够满足顾客的某种需求，而顾客使用时如果发现这些产品功能不存在或者没有宣传的那么好，顾客就会产生不满，会对导购员、促销员以及这个产品品牌产生不信任感。美国消费者调查协会的一项调查表明：一百个不满意的顾客里面只有四个左右会上门投诉，剩下的九十多个大部分都会流失或转移到竞争品牌。因此，顾客上门投诉说明他们虽然很不满，但是对品牌还抱着希望，还愿意给导购一个改进的机会。对于这样的老顾客，导购一定要珍惜。

话术模板

导购："这位大姐，您别生气，来，您先坐，告诉我是怎么一回事，我来帮您解决问题。"

★ 第一步，鼓励顾客发泄不满，排解愤怒。

顾客：……（顾客讲述事情经过，导购尽量不要插话，顾客停下来时导购可以插入问题，以便详细了解事情经过）

★ 第二步，认真倾听，收集信息，分析问题。

导购："张姐，很抱歉给您添麻烦了，让您大冷天的跑一趟。刚我们聊了很久，您来听听我理解得对不对啊。您是说，您昨天从我们这买了一款××产品，当时导购员跟您说这个产品能够……但是您回家后一用却没这功能，现在您要退货，我理解得对吗？"（顾客确认了导购的总结）

★ 第三步，诚恳道歉，稳定顾客情绪。

导购："张姐，非常对不起，我们对促销员没有培训到位，您买的这款产品确

实没有促销员说的这项功能。刚听您说，您当时就是看中这个功能才买的产品，怪不得您这么生气要退货。是这样的，我们另一款产品是具备您喜欢的这个功能的，它比您买的那款要贵三百元，您看这样行吗，我现在就让客服的同事将这一款送到您家，再把您家的那款取回来，这一款贵出来的三百元由我们来承担。您只需要在换货单上签个名就行。"

★ 第四步，承担责任，提出解决方案。

导购："张姐，我这样处理，不知道您满不满意？如果您还有其他的想法，请一定告诉我，我是真心希望您能原谅我们，并继续支持我们的品牌。"（顾客接受了解决方案，离开店面）

★ 第五步，让顾客参与解决方案。

导购："张姐您好，我是昨天接待您的××品牌导购小李，我打电话过来是想问一下，我们送过去的新产品您满意吗？如果还有问题欢迎您随时联系我，给您添麻烦真的很抱歉，谢谢您的支持！"

★ 第六步，承诺执行，跟踪服务。

😞 错误提醒

错误提醒1 ……（沉默）

★ 导购的沉默在顾客看来是对产品问题的默认和不重视。

错误提醒2 "促销员就是节假日来帮帮忙，对产品了解不多，可能就没介绍对吧。"

★ 推脱责任，维护责任人，更加惹怒顾客。

错误提醒3 "这个产品是因人而异的，有的顾客两三天就见效果了。"

★ 顾客心里会想：你是说你的产品没问题，是我有问题喽？顾客会更加不满。

错误提醒4 "这个产品应该这样使用，你用的方法不对当然看不到效果啦。"

★ 将责任推给顾客，顾客会更窝火。

技巧运用

技巧一 导购员与促销员都不能夸大或者编造产品的功能功效，也不能过度承诺，一定要从事实出发介绍产品与服务。现在消费者的权益保护意识越来越强，一旦他们意识到被欺骗了，可能会要求退换产品，或者要求赔偿，甚至还会用法律来维权，这都会给企业带来名誉和经济上的巨大损失。

技巧二　投诉处理六步法则如下。

★ 第一步，鼓励顾客发泄不满，排解愤怒

顾客来投诉时都会抱有烦恼、失望、气愤等各种情绪，可能会表现出愤怒、激动甚至破口大骂等行为。这时候的顾客需要被理解、尊重与重视，因此我们第一步要做的就是鼓励顾客，让他们尽量把不满与愤怒发泄出来。顾客在这个阶段负面情绪释放得越多，后期的沟通过程中他们就会越理智。

万能话板

您别着急，坐下慢慢说，告诉我是怎么回事，我来帮您解决。

我理解您现在的心情，我们只有了解了事情原委才好进行处理，麻烦您把事情经过告诉我，好吗？

★ 第二步，有效倾听，收集信息，分析问题

有效倾听不是一味地去听顾客的讲话，而是指在倾听顾客陈述的过程中，要根据顾客的语气语调和讲话内容来收集信息、分析问题——事情的始末是怎样的？主要的责任在哪一方？顾客的要求是什么？有什么方案可以解决问题……

有效倾听要求导购不仅是一个倾听者，还必须是一个发现者和思考者。倾听的过程中，不要与顾客争辩是非对错。当顾客停顿下来时，导购可以适时插入问题：前期可以运用开放式的提问，引导顾客说出事情的经过以及顾客的期望；最后可以运用封闭式问题进行总结，将顾客的陈述和要求提炼出来，确保你真正了解了顾客反映的问题。

万能话板

您别生气，来，先喝杯茶，您买的产品出现什么问题啦？

您当时是怎么使用的呢？

您希望我们怎么处理这件事情呢？

您来听听我理解得对不对。您说事情是这样的……您希望得到……我理解的对吗？

★ 第三步，诚恳道歉，稳定顾客情绪

通过倾听交流了解到问题所在后，不管责任是否在导购这方，我们都要诚恳道歉，认同顾客的感受，要让顾客情绪平静下来、稳定下来，然后双方才能探讨解决方案。

万能话板

非常抱歉，给您添麻烦了，我们真诚地跟您说声对不起。

怪不得您这么生气，我非常理解您的感受。

一看您就是个坦率的人，谢谢您给我们提出这些问题。

★ 第四步，明确责任，主动提出解决方案

了解了事件详情后，导购要给顾客一个合理的解释，如果责任在导购这方，导购要再次致歉并承担起责任；如果责任在顾客，导购也不应直接责怪顾客，要为顾客找一个好理由或者"台阶"下。事情解释清楚之后，导购要主动提出解决方案，不要等到顾客开口要"价"了才去想主意。

万能话板

真的非常抱歉，这件事情是这样的……都是我们的错。您看我们这样做行吗……

对不起，这主要还是我们的问题，在您购买的时候我们没有跟您说清楚使用方法，这个产品应该这样操作……

★ 第五步，让顾客参与解决方案

主动提出解决方案后，导购一定要让顾客参与进来，请顾客来选择解决方案，并要征询他们是否满意、还有没有其他的要求。让顾客参与并获得他们的认同，要比我们单方面抛出一个解决方案更能够体现诚意与尊重，也更容易赢得顾客的积极支持与配合。

> **万能话板**
>
> 您看您比较满意哪个方案呢？
>
> 我们这样处理，不知道您满不满意？
>
> 您还有别的想法吗？请一定告诉我们，我是真心希望您能原谅我们，并继续支持我们。

★ 第六步，承诺执行，跟踪服务

要按照与顾客约定的时间和流程迅速而高效地执行解决方案，否则很容易引发顾客的再次投诉。方案执行过程中，导购要主动跟进，关注执行效果，并向顾客再次致歉、致谢。

> **万能话板**
>
> 您好，我是××，我是想问问您产品用起来还好吗？您对我们还有什么好建议吗？
>
> 如果您还有什么问题，请随时联系我们。
>
> 这次给您添麻烦了，非常对不起，谢谢您的支持。

情景91 我刚买下东西，你们就大减价，赔我差价

情景再现

顾客在卖场闲逛的时候发现上周买的产品正在做促销活动，价格便宜不少，于是很气愤地对导购说："我上星期刚买下这东西，你们当时还说是最优惠的价格，现在你们就大减价，这不是要我吗？你们赔我差价，不然我就退货！"

行为分析

大部分顾客在购买产品时，价格都是他们考虑的重要因素。导购在促成交易

时，为了打消顾客对价格的疑虑，一般也会向顾客强调"这产品的价格真的是最优惠了"。而产品降价打折也是商家常用的营销手段，因此，价格在适当范围内浮动是正常的。但是当顾客看到自己不久前购买的产品正在促销，而且促销价大大低于自己购买的价格时，就会觉得之前导购是在"忽悠"自己了。在这种情况下，顾客提出"赔差价"的要求也合乎情理。导购就像挑着一根扁担，一头担着顾客，一头担着企业，既要最大程度地保证企业的利益，又要让顾客带着抱怨而来、带着满意而去。那导购该如何做呢？

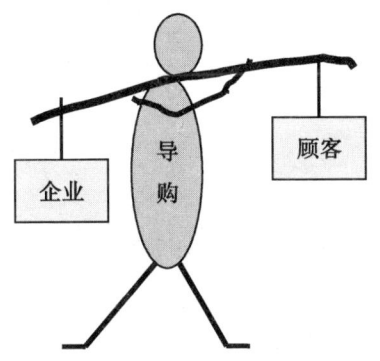

话 术模板

说法一　"赵姐，我非常理解您，您上星期刚买完，现在产品就降价搞促销，我要是您心里也会不舒服。您肯定也知道，我们的产品都有七天的保价期，过了保价期一般是不给退差价的。不过，赵姐您是我们的老顾客了，我们经理常说现在业绩这么好都是像您这样的老顾客给撑起来的。您看这样行不行：我们这次为一次消费满 5 000 元的顾客准备了一份礼盒装的骨瓷餐具，市场上售价都要 300元，您来看一下，这是古色古香的中国风设计，快过节了，能给家里添不少喜气呢。您一看就是个很会持家的人，我把这套餐具送给您，祝您红红火火过个节，您看行吗？"

★ 如果顾客投诉的问题导购在职权范围之内能够解决，那就快速解决。采用这种"赠品补偿法"要考虑顾客的实际情况与喜好，要强调和渲染赠品的价值以及它能为顾客带来的利益。

说法二　"赵姐，我理解您，谁遇着这事都不好受。您看，现在七天保价期也过了，按规定是退不了差价的。这个事儿我也很想帮您，但我不能随口给您承诺，这样好吗，您稍坐一下，我给我们经理打个电话商量一下……"（征得顾客同

意后，导购联系相关负责人，请示解决方案）

"赵姐，我刚跟经理反映了情况，经理把我批评了一顿，经理说，您如果坚持要退货，我们立刻就给您办。您上次买的时候就很喜欢这产品，现在价格降了三百您特意跟我们提出来，说明您真是打心眼里看重这款产品，经理的意思是您如果喜欢还是把这款留下来接着用，我们现在有一套高档的餐具，市场价卖三百多，是古色古香的"中国红"设计，快过节了，这套餐具能给赵姐您家添福气添喜气，经理说您如果喜欢一定要送给您一套，以表达我们的歉意。您看行吗？"

★ 如果顾客投诉的问题超越了导购的处理权限，导购也不能推诿，而要立即联系能处理的负责人，确定解决方案。导购要恰当运用赞美和恭维，让顾客放松紧张愤怒的情绪。

😟 错误提醒

错误提醒 1 "价钱是公司定的，我只是按上面定的价格卖产品啊。"

★ 把责任往公司推，顾客会更反感。

错误提醒 2 "七天保价期已经过了，我们退不了差价，也退不了产品。"

★ 有理有据，但是忽略了顾客的感情与情绪。

错误提醒 3 "我们不就降了百十来块钱嘛！"

★ 顾客可能把导购的意思理解为：你这顾客怎么百十来块钱也看那么重啊？

技 巧运用

技巧一 导购要明确自己处理投诉的权限范围：能在权限范围内妥善处理的，立即处理；超越自己权限的，要积极与上级沟通并确定解决方案。对于重要的老顾客，或者涉及较大金额的投诉，以及对导购抱有极深成见的顾客，导购可以请在现场的上级来接待。这种"换人"法一方面可以让顾客从接待者地位的不同感受到尊重与重视，另一方面也能有效缓和顾客的情绪，因为一般情况下顾客不会过于迁怒非当事人，从而为解决问题创造了良好的气氛和环境。使用"换人"策略时需要注意的一点是：导购要将了解到的事件详情告知接替自己的上级，尽量避免让顾客向不同的接待者一次次地讲述事件的始末，以免引起顾客更强烈的不耐烦与不满。

技巧二 处理顾客投诉时，很多时候都是以补偿来解决问题，常见的补偿方式有：打折补偿、赠品补偿、额外成本补偿、增值服务补偿等。不管用哪种补偿方式，导购一定要像介绍产品一样，结合顾客的实际情况和需求，充分渲染这种"补偿"的价值及其能给顾客带来的利益。顾客只有在觉得"补偿"是有用处的、有价值的甚至是超值的时候，才会满意地接受解决方案。比如，顾客不久前买的衣服现在打折了，顾客要退差价，导购想以补偿顾客一条丝巾的方式来解决问题，下面是两种描述。

A 导购说："送您一条苏州的丝巾吧，这丝巾材料好，设计也好，价格也差不多能赶上差价了。"

B 导购说："这样吧，我们昨天刚从苏州调了一批丝巾过来，您看，我们零售价标在那呢，180 元一条，一共只有十条，采用的是苏绣里最好的材料和设计。这条丝巾配您买的衣服最合适不过了，我给您试一下，您看看效果。您颈部本来就漂亮，丝巾一衬就更美了。您看是不？"

同样的东西、同样的产品要点、不同的渲染方法，你会更乐意接受 A 推荐的丝巾呢还是 B 推荐的呢？

情景 92 买的时候痛快，出了问题你们谁也不管啊

情景再现

顾客很不耐烦地向导购抱怨："你们公司是怎么啦？客服电话打不通，好不容易打通了，又是你推我我推你，就是不解决问题。我买的时候你们倒是痛快，出了问题你们谁也不管啊？我在你这里买的，你得给我个说法！"

行为分析

顾客之所以有抱怨有投诉，就是因为想解决的问题解决不了。这个时候，顾客最怕的就是企业各个部门之间相互"踢皮球"推诿责任，找不到能解决问题的人。在这种情况下，导购首先要做的是让顾客安心，让他们知道从你这里购买产品，出了问题一定会有人帮助他们来解决，这样才能让顾客心平气和地与导购沟通。如果是自己的责任，导购要提出解决方案并有效执行；如果是商家或者厂家的责任，导购也要协助顾客向他们寻求帮助，并监督问题的解决过程。

话术模板

说法一 "先生，不好意思，给您造成这么多麻烦，非常抱歉！不过您放心，您从我这里买的东西，我们一定会负责到底的。您先歇一会儿，跟我说说到底是怎么一回事。"

说法二 "小姐，我代表我们的客服同事跟您说声对不起！请您放心，我们对卖出去的每一件产品都会负责到底。我刚仔细检查了一下，您的产品出现问题是因为……我现在立即联系厂家，争取帮您维修好或者给您换一款全新的。明天上午十点我给您一个确切的回复，您看这样可以吗？"

说法三 "真是对不起，我们的质检人员检查过了，这款产品确实存在问题，给您添麻烦了！您如果要求退货，我现在就可以给您办理。您也可以换一款这个系列的其他产品，昨天刚上了一款我们新研发的产品，性能更优越，价钱比您买的这款要高。因为我们的过失给您造成了不便，所以如果您中意这个新产品，差价可以由我们来承担，您来看看这款吧，它新添加的功能是……"

★ 先要诚恳地代表客服同事道歉，并用"坚定"的语气承诺企业会对顾客负责到底，然后再来了解问题，并商讨解决方案。解决问题时依然要坚持"能修则不换，能换则不退"的最小损失原则。

错误提醒

错误提醒1 "对不起，这不是我的责任。"

★ 推脱责任，会令顾客"怒发冲冠"。

错误提醒2 "正常情况下是不会出现这种问题的，您是不是没按说明书使用啊？"

★ 将责任推到顾客身上，让顾客更窝火。

错误提醒3 "您等一下，我问问客服。"

★ 不要使用"您等一下"这样的语言，顾客会认为你也要"踢皮球"了。

技巧运用

技巧一 首问负责制：顾客上门投诉时，第一个接待顾客的导购一定要负起责任，耐心听顾客讲述事情原委，如果是自己的责任，要给顾客提出解决方案并认真执行；如果是其他同事或者部门的责任，也一定要帮助顾客找到责任人，并监督投诉事件的解决进程。

技巧二　导购可以从顾客的投诉中总结各种投诉渠道存在的的问题与建议，以便企业能开拓更多投诉途径，改革投诉渠道中存在的问题，并最终从投诉中获取经验和创意，使投诉真正成为企业的财富。常用的投诉渠道如下图所示。

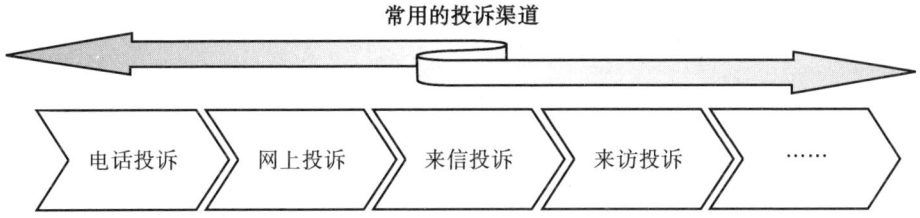

常用的投诉渠道

电话投诉　网上投诉　来信投诉　来访投诉　……